AUTONOMIA E ÉTICA NA ESCOLA
O novo mapa da educação

EDITORA AFILIADA

Questões da Nossa Época
Volume 50

Dados Internacionais de Catalogação na Publicação (CIP)
(Câmara Brasileira do Livro, SP, Brasil)

Grinspun, Mírian P. S. Zippin
  Autonomia e ética na escola : o novo mapa da educação / Mírian P. S. Zippin Grinspun. -- São Paulo : Cortez, 2014.

ISBN 978-85-249-2167-4

1. Autonomia escolar 2. Educação 3. Ética I. Título.

13-12848   CDD-370.115

Índices para catálogo sistemático:
1. Autonomia e ética na escola : Educação   370.115

Mírian P. S. Zippin Grinspun

AUTONOMIA E ÉTICA NA ESCOLA
O novo mapa da educação

AUTONOMIA E ÉTICA NA ESCOLA: o novo mapa da educação
Mírian P. S. Zippin Grinspun

Capa: aeroestúdio
Preparação de originais: Solange Martins
Revisão: Maria de Lourdes de Almeida
Composição: Linea Editora Ltda.
Coordenação editorial: Danilo A. Q. Morales

Nenhuma parte desta obra pode ser reproduzida ou duplicada sem autorização expressa da autora e do editor.

Direitos para esta edição
CORTEZ EDITORA
Rua Monte Alegre, 1074 – Perdizes
05014-001 – São Paulo – SP
Tel. (11) 3864 0111   Fax: (11) 3864 4290
E-mail: cortez@cortezeditora.com.br
www.cortezeditora.com.br

Impresso no Brasil – março de 2014

A todos(as) os(as) orientadores(as) educacionais pelo trabalho que desenvolvem e realizam com tanto entusiasmo e certeza da busca de uma educação de qualidade para todos(as) os(as) nossos(as) alunos(as).

Sumário

Apresentação 9

1. A Orientação Educacional no novo milênio. 15

2. Ação integrada entre Orientador Educacional e supervisor educacional 37

3. Os rumos da educação e a contribuição da Orientação Educacional 54

4. Ética, valores e educação 71

5. A Orientação Educacional nas escolas, hoje 96

Referências bibliográficas 119

Apresentação

Nos livros anteriores que escrevi sobre Orientação Educacional procurei enfocar tanto a sua importância como a sua história e, principalmente, a formação do orientador educacional, seja ao longo da legislação educacional, seja nos tempos presentes, em face da nova Resolução que trata do Curso de Pedagogia (Res. n. 1 de 15/5/2006 — CNE). O projeto desse livro tem a sua vertente numa proposta que atenda três objetivos básicos: primeiro, no que diz respeito à educação que se quer de qualidade e que atenda todos os segmentos de ensino, em todos os tipos de instituição, sejam elas públicas ou particulares tem de ter como *parceira* a Orientação Educacional, quando aquela se propõe além do instruir e informar o compromisso de formar e educar o aluno; segundo, para que tivéssemos uma visão mais prática dessa Orientação que tanto aludimos, em termos do contexto atual, que ultrapassa o estigma de atender os alunos-problemas e inserir-se nos *problemas* e *expectativas* de todos os alunos, numa dimensão mais ampla e abrangente; e, terceiro, fazer uma ponte mais específica com a questão do trabalho, caracterizando-o nessa abordagem como a *escolha da profissão* que vai além da escolha em si de uma determinada profissão, mas evidenciar que, hoje, esta escolha leva em consideração não só as aptidões, os interesses, as competências e a personalidade do aluno para discutir/analisar o mercado de trabalho e as grandes questões que envolvem esta escolha, como a globalização, as novas tecnologias e a sociedade pós-moderna.

Voltando aos eixos assinalados, a intenção desse livro é buscar dados que nos levem a pensar e, evidentemente, discutir os pontos enfocados, mostrando a estreita relação entre o que *acontece na escola* quando ela se compromete com a educação dos alunos, em termos da construção de sua subjetividade.

A mídia mostra, informa determinados acontecimentos que dão a dimensão das dificuldades e complexidades do contexto atual, banalizando até determinadas situações. Observo, muitas vezes, na escola o aluno ser o *responsável* pelo seu próprio fracasso escolar, em vez de identificarmos que todo o contexto deve ser responsabilizado pela situação detectada. Não temos a intenção de mostrar regras, *dogmas*, critérios que levem o aluno a ter bons rendimentos na escola, ser bem-sucedido no vestibular, na vida. Esses e outros temas podem e devem estar inseridos num contexto que discuta e analise a colaboração, o papel da Orientação para que a educação que acontece, que ocorre na escola possa de fato atingir seus objetivos.

Durante muito tempo, como orientadora, demonstrei, elucidei, indiquei o papel da Orientação com os alunos, em especial, e também com pais e a comunidade, em geral. Mostrava ao longo da história da educação como a esta foi concebida, o caráter ideológico das legislações vigentes, a visão intrínseca com a Psicologia, até as dificuldades encontradas para a *colocação* da Orientação no seu verdadeiro lugar. Procurava evidenciar não um ponto de vista de *poder* que a Orientação tivesse, absolutizando-a e diminuindo as outras áreas. Pelo contrário, sempre procurei integrar todas as partes num só contexto educacional, como se estivéssemos — de fora — verificando como se encontram esses espaços, tal qual se movem as peças de um caleidoscópio. Do outro lado da evidência torna-se muito difícil não trazer para este debate em Orientação a visão utópica de uma área que tinha todas as *ferramentas* na mão para atender o aluno para uma visão real do verdadeiro papel do Orientador na Escola. No cenário educacional que vivemos no final da década de 1980, mais precisamente, em julho de 1988, a FENOE (Federação Nacional de Orientadores Educacionais) chegou a levar quase três mil orientadores ao seu Congresso Brasileiro de Orientadores Educacionais, na UERJ/RJ. Acabaram-se quase todas as Associações Estaduais, naquele período, e a FENOE, no ano de 1989. Aparecem no início da década de 1990 novas associações que se inter-relacionam a outras, como a AOERGS (que nunca acabou), a ASFOE (Associação Fluminense de Orientação Educacional), e pouco a pouco vão juntando esforços e criam a Federação Nacional, agora denominada FENAPOE (Federação Nacional de Profissionais em Orientação Educacional). Além das indicadas, entre outras estão as Associações de Orientação Educacional dos Estados de Santa Catarina, Paraná, Mato Grosso do Sul, Brasília. O que isto representa no cenário educacional? Apenas uma vontade política desses profissionais terem seu órgão de classe respeitado. Lutar como as demais associações para ter *uma voz* nos órgãos públicos, para defender seus ideais, para lutar por uma educação de qualidade e colaborar com a educação no/do país, como é o caso de ter uma representação junto ao Conselho Nacional da Educação. A situação ainda não atingiu o ponto desejado, pois se muitos municípios não têm em seus quadros o profissional de orientação, outros municípios abrem concursos para esses profissionais. Por que esse quadro? Quem luta por esses profissionais? Quais as medidas que deveriam ser tomadas? Para essas e outras perguntas se faz necessário — mais do que nunca — um órgão de classe para lutar pelos ideais dos orientadores educacionais. Novas perguntas poderiam ser apresentadas: por que algumas escolas e/ou Secretarias Municipais ou Estaduais de Educação *criaram* a função de coordenador pedagógico, supervisor pedagógico ou mesmo pedagogo para fazer *todos os trabalhos da escola que não fossem os do professor?* Por que algumas escolas inserem seus orientadores nos quadros técnico-administrativos em vez de serem lotados junto ao corpo docente da escola? Qual a vantagem da escola para essa arbitrariedade: questão salarial? Carga horária?

Essas são algumas questões que trazem o outro lado da Orientação que é a do desempenho e do trabalho do orientador educacional. Pretendemos, com este livro, mostrar as diferentes faces que compõem a Orientação, ressaltando, mais uma vez, sua importância, sua necessidade e sua riqueza para agir com e na educação de qualidade que desejamos para nosso país.

Inserimos alguns capítulos que tratam do trabalho — mais específico — da Orientação Educacional, mais voltados para os alunos e, nesse sentido, apresentamos uma discussão com e para os jovens. Na medida em que a Orientação deve refletir, avaliar as questões dos valores que *estruturam* todo o processo de escolha e decisão de nossas ações, apresentamos um estudo que nos leva a pensar — e agir — nas questões pertinentes à ética, aos valores e a educação. Os processos educativos são complexos, e inúmeros fatores os determinam e definem. As *explicações* sobre o que os jovens, os alunos fazem ou escolhem não podem ser vistas apenas da perspectiva do que eles acham e por que acham, mas sim pensar/avaliar como essa escolha reflete todo o contexto atual. Este foi o motivo maior da apresentação dos capítulos que se deslocam da Orientação Educacional em si para buscar o espaço onde a Orientação é desenvolvida.

1
A Orientação Educacional no novo milênio

O presente estudo consiste na descrição e análise da experiência do Curso de Especialização em Orientação Educacional e Supervisão Escolar, realizado na Faculdade de Educação da Universidade do Estado do Rio de Janeiro, em nível de pós-graduação. O eixo principal deste estudo é a Orientação Educacional que existe na educação brasileira há mais de seis décadas e que foi construída com uma fundamentação, basicamente, no plano psicológico, procurando ajudar o aluno no desenvolvimento integral de sua personalidade. Este foi o início desse campo do conhecimento no Brasil, alicerçado pelas questões da Orientação Vocacional e/ou Profissional, como nos demais países onde ela foi implantada. Hoje, temos um re-significado da Orientação, com nova estética, onde reavaliamos suas múltiplas dimensões que contemplam a questão epistemológica (o objeto de conhecimento específico da orientação), a questão filosófica, antropológica e social. Nosso papel, no contexto atual, não é ajudar simplesmente os alunos a resolver os seus problemas pessoais/sociais, ou simplesmente os alunos-problemas. Até porque, hoje, nos tempos da globalização, da pós-modernidade, das novas tecnologias, temos uma outra concepção da sociedade, da educação e da escola que nela se insere. Por outro lado, há uma nova concepção de escola dimensionada pelo seu projeto político--pedagógico e pelo currículo a ser desenvolvido nessa instituição. Devemos trabalhar, com o aluno, como um todo, desenvolvendo o sentido da singularidade, a dimensão da solidariedade, buscando o significado do humano, colaborando na formação/construção de sua subjetividade. A dimensão, portanto, é muito mais crítica-pedagógica do que preventiva-psicológica.

A proposta de trazer a análise de um curso em funcionamento — para formação de especialistas em Educação — é para que possamos discutir mais do que a estrutura dele, a essência, de uma das áreas de seu conteúdo — a Orientação Educacional — e o valor do seu contexto — em termos das relações que ela mantém com o processo pedagógico da escola. O projeto desse curso surgiu após a realização de uma pesquisa qualitativa realizada com Orientadores Educacionais em exercício, no Estado do Rio de Janeiro, que manifestaram interesse num curso nessa área para aprofundamento de seus estudos e da prática efetivada. A proposta inicial foi na área de especialização, para os Orientadores Educacionais, mas, posteriormente, ele assumiu também o caráter de habilitação para os candidatos à profissão, uma vez que esta assim se constituiu. No Brasil, a profissão de Orientador Educacional foi reconhecida por lei específica, a Lei n. 5.564, de dezembro de 1968, e regulamentada através do Decreto n. 72.846/1973. Atualmente, as duas modalidades — a de especialização e a de habilitação — são oferecidas aos alunos interessados, nessa área atendendo, inclusive, o artigo 64, proclamado na Lei de Diretrizes e Bases da Educação Nacional — Lei n. 9.394/1996, em vigor no nosso país.

O curso, que teve início em 1995, tinha por objetivo:

1. propor uma Orientação Educacional de qualidade nas escolas;
2. construir uma Orientação Educacional inserida nas questões do mundo contemporâneo, colaborando para a formação da subjetividade do aluno;
3. articular/integrar as diferentes áreas/disciplinas da Educação, trabalhando as relações pedagógicas dentro da escola.

A partir dos resultados do curso, das monografias/ pesquisas realizadas, podemos oferecer uma reflexão em torno da reconceptualização da formação do especialista em Educação, em especial do Orientador Educacional, fundamentada nos referenciais teórico-práticos do trabalho realizado. O interesse maior desse estudo é discutir com os demais profissionais da área o que vem sendo feito e o que deverá e poderá ser modificado a partir do contexto em que vivemos. O diálogo seria não só a forma de se trabalhar em Orientação, mas a estratégia/ferramenta de se ter um espaço para discutir questões pertinentes a este campo educacional, em diferentes instituições de diferentes países. Nos tempos marcados pela globalização, pelas novas tecnologias, pela pós-modernidade, qual deveria ser a Orientação Educacional, para este novo tempo, que ajudasse o indivíduo a refletir sobre a sua subjetividade e a ter uma participação mais consciente no mundo em que estamos vivendo? Até que ponto esse contexto interfere na escola e qual o seu papel nos cotidianos de que o aluno participa? Torna-se necessário esse conhecimento — essa rede de conhecimentos — para que possamos analisar o contexto em que vivemos, em que educamos, não como forma de absorção da nova realidade, mas sim como forma de análise crítica desta. A Orientação Educacional é parte de um todo, assim como a própria Educação. Esta é a proposta desse trabalho: um futuro que se faz presente. Em termos atuais este curso ainda não foi realizado nos últimos cinco anos.

As dobras, o real e o imaginário em Orientação Educacional

Entende-se por dobra (do latim *duplare*): tornar mais completo, mais intenso; voltar ou virar um objeto de modo que uma ou mais partes dele se sobreponha a outra(s). Entende-se por *real* (do latim *reale, res*, rei, coisa, coisas): adjetivo, o que existe de fato verdadeiro; opõe-se a fictício, ideal, ilusório etc. Entende-se por imaginário (do latim *imaginarius*): adjetivo, o que só existe na imaginação, ilusório, fantástico. E, finalmente, entende-se por Orientação Educacional: área da educação (esta entendida como uma prática social) que tem por objetivo colaborar no processo pedagógico, em especial com o aluno, ajudando-o, em termos de ações mediadoras e mobilizadoras, na construção dos seus conhecimentos e do seu campo afetivo.

Tomamos por real aquilo que está acontecendo objetivamente nesse campo, seja em termos da prática efetiva, da legislação pertinente ou da fundamentação teórica exigida. Por imaginário gostaríamos de apontar os dados mais significativos que ficaram (ou ainda se estabelecem) na imaginação das pessoas quando falamos em Orientação Educacional, sobressaindo as questões relacionadas às expectativas dos professores, dos pais e da escola em geral. As dobras têm por sentido mostrar que, muitas vezes aumentadas, as ações da Orientação foram, na realidade, direcionadas para outros setores, ou foram traduzidas como ineficientes para um processo político/pedagógico. Esse desdobrar da Orientação não quer, apenas, mostrar sua importância no cenário educacional brasileiro, as suas dificuldades, dilemas e contradições ou propor novos caminhos para esta área. A finalidade é debater uma nova leitura da Orientação a partir da contextualização do espaço-tempo em que a educação se desenvolve, tentando mostrar que os desafios da nossa vivência estão no sentido do próprio significado dessa realidade. A vivência humana é eminentemente ativa, e a questão de uma consciência crítica — necessária a uma educação transformadora — só será possível com a vivência crítica de seus próprios indivíduos. Apesar de ser complexa, há uma diferença entre vivência e consciência e, como diria Sartre, eu preciso desta vivência para chegar a uma consciência reflexiva.

A Orientação Educacional quer colaborar para que as vivências dos indivíduos caminhem no sentido de uma conscientização reflexiva. Não será mais mostrar o que é certo ou errado para o aluno, ou bom ou mau para seu desempenho, e sim levá-lo a pensar, refletir, analisar o significado e vivência desses valores (sejam seus ou relativos à escola, à família, à sociedade, ao mundo em geral). Se a dimensão da pós-modernidade é exatamente o fim das certezas assinaladas na era da modernidade, há que se pensar nesse aluno nessa contextualização, onde por certo o cotidiano, o dia a dia terá reflexos muito importantes para ele e para a sociedade.

A análise dessa Orientação Educacional vai nos remeter, basicamente, para o sentido da formação do sujeito, em que serão contempladas as relações intrapessoais, relações com os outros e com o mundo em geral. Nesta análise queremos evidenciar dois pontos principais: primeiro, que há necessidade, hoje, de se ter na escola um profissional que, além de ensinar ou ensinar a aprender a aprender, ajude o aluno a fazer as novas leituras que o mundo está a exigir de forma crítica, investigativa e reflexiva; um profissional, tanto quanto os outros que tratam das especificidades das áreas do conhecimento como Português, Matemática, Ciências, Geografia, História etc. que trate da especificidade do seu conhecimento nas questões relacionadas a uma formação mais crítica do aluno enquanto cidadão; segundo, os currículos, na sua quase totalidade, procuram dar conta dos conteúdos e conhecimentos que estão dispostos no contexto atual. Há necessidade, porém, de se oferecer um novo currículo que abranja os textos e intertextos, as entrelinhas, os saberes dispostos em outros locais que não as escolas, valorizando as emoções, os valores, os afetos e os sentimentos. A Orientação pode ser chamada a cumprir um papel significativo nessa nova jornada, não mais apoiada em documentos legais que exigiam sua presença nas escolas, mas sim fundamentada em fatos reais que precisam de novos interlocutores para o processo de desenvolvimento pessoal/social do aluno e da Escola, enquanto uma instituição social.

Faço também uma digressão talvez metafórica ou poética à questão da dobra quando a vemos no significado de fazer vergar ou curvar ou até mesmo no sentido de passar além de, circundando. Pode-se dizer, na linguagem de Saviani sobre a *curvatura da vara*, que a Orientação Educacional vergou de tal forma que hoje se apresenta com o real desejado, ou mesmo que, passando além de todos os problemas e crises da educação, a Orientação poderá prestar um papel inestimável para alcançar os seus próprios objetivos. A metáfora da dobra, tão rica na nossa cultura ocidental, pode caracterizar, por exemplo, as dobras que as autoridades fizeram nesse terreno, instituindo-a obrigatoriamente como forma de dobrar um pressuposto pedagógico de educação para todos os segmentos de ensino, com a mesma valorização, ou uma dobra no sentido de ver/sentir/agir em busca de uma nova educação para todos. As dobras podem levar o indivíduo a se curvar quanto ao que pretendia alcançar, mas pode também ter sido realizadas de tal maneira que se multiplicam os objetivos e as finalidades que se propunham alcançar. O cotidiano tem nos mostrado quase sempre as dificuldades de se orientar o sujeito de uma forma clara e crítica, e, nesse sentido, precisamos rever o que se entende hoje por orientar educacionalmente o aluno. Devo dizer que trabalhar na Orientação, com a Orientação, tem sido um embate constante de lutas, contradições, mas de crenças, desejos e perseveranças. Tecer o que acreditamos não tem sido tarefa fácil, mas é nela que acreditamos e apostamos com a densidade e intensidade que os novos tempos exigem.

Finalmente, o significado de uma nova leitura da Orientação Educacional vai precisar das abordagens da Psicologia da Educação, no contexto atual, na medida em que esta área assume hoje um caráter transdisciplinar, procurando estender seus fundamentos para diferentes áreas do conhecimento.

Como diz Gatti,

> Não podemos deixar de assinalar que muitos estudos da área de Psicologia da Educação, incorporando uma perspectiva transdis-

ciplinar em que se integram contributos da antropologia, sociologia e da linguística, estão trazendo novas formas de compreender os fenômenos ligados ao desenvolvimento humano, à cognição, ao ensino etc. (1995, p. 16).

O real significado da Orientação Educacional que se fundamenta, também e muito, na Psicologia da Educação difere, então, das primeiras conceituações da Orientação que se baseavam, restritamente, numa Psicologia terapêutica ou psicometrista, com finalidades específicas de orientar o indivíduo. Hoje, busca-se compreender as dobras que existem na formação de um sujeito coletivo, enquanto ele se educa no dia a dia de sua vida. Ajudar a formação do educando é procurar antes de tudo desvelar esse próprio mundo vivido. Ratifico esse posicionamento com a afirmação de Gatti:

> É nas contradições do mundo vivido, a partir de sua compreensão mais profunda, porém, concreta, e não com categorias assumidas *a priori*, que poderemos encontrar perspectivas para nossa ação, com alguma possibilidade de impacto e transformação (1995, p. 18).

Resumindo as discussões sobre a Orientação Educacional

A Orientação, assim como a educação, é uma prática social, é uma disciplina viva, e como toda matéria viva está sujeita a processos constantes de mudança e transformação. Durante muitos anos, muitas décadas, a Orientação "serviu" ao sistema com normas e atribuições definidas que levassem ao aluno um ajustamento considerado satisfatório e desejável.

No início da década de 1980, com toda a crítica voltada à educação, de modo particular, e ao sistema, de modo geral, com amplo respaldo nas teorias de reprodução, a Orientação também sofreu críticas consideráveis e revisões contundentes no seu processo. Duas grandes observações foram detectadas: para alguns educadores ela seria uma das responsáveis pelo fracasso escolar, na medida em que ajudava a fragmentação do saber, do ensino, consolidando-se na divisão social do trabalho dentro da escola; outra observação é que não havia mais lugar para essa especialização, uma vez que a generalização, as totalidades, eram categorias a ser atingidas. Os profissionais que atuavam em Orientação — por uma série de razões pessoais e institucionais — foram deixando de lado a área e ingressando em outros setores: não encontrávamos mais essa especialização nas escolas, a literatura de Orientação numa visão crítico-pedagógica escasseava, e a sua finalidade era profundamente questionada. Os encontros, os seminários e os congressos de Orientação Educacional que conseguiam reunir mais de 2.000 profissionais acabaram cedendo às tentações e deixaram de existir, assim como fecharam as associações de Orientação, tanto em nível estadual como nacional. É claro que estava em jogo a própria identidade do orientador que permitiu que isso tudo ocorresse, sem procurar — junto com seus pares — verificar as mudanças na sua conceituação e atribuições, endossando o que naquele momento era considerado inevitável: o término de uma trajetória. Os princípios e as técnicas foram mais fortes que as finalidades: o como fazer tomou lugar do por que fazer Orientação na Escola.

Ocorre que os problemas da escola, da família, da sociedade continuaram existindo e, hoje, em maior número e maior complexidade. O que se viu é que mesmo sem a

Orientação nas escolas os problemas aumentaram, e as *crises*, da escola e fora dela, também se ampliaram, trazendo uma nova dinamicidade ao processo pedagógico. Qual deveria ser, nesse momento, o papel do professor, do orientador, do supervisor, do diretor? No nosso entender seriam atribuições voltadas para o próprio sentido de educador. Placco enfatiza essa posição, quando diz que:

> [...] O Orientador Educacional, um dos educadores da escola deverá participar de uma ação educacional coletiva, assessorando o corpo docente no desencadeamento de um processo em que a sincronicidade é desvelada, torna-se consciente, autônoma e direcionada para um compromisso com uma ação pedagógica competente e significativa para os objetivos propostos no projeto pedagógico da escola (1994, p. 30).

O Orientador atua junto com os demais professores da escola, participando de um projeto coletivo, de uma formação de um homem coletivo, procurando identificar as questões das relações de poder, das resistências dentro e fora da escola e do como e do porquê devemos agir juntos em prol de uma educação transformadora e, especialmente, junto aos alunos no desenvolvimento do que caracteriza sua subjetividade. Para Losicer (1996), a concepção da subjetividade não pode ser vista apenas como oposição a objetividade (em termos de mundo real, concreto e empírico), nem com aquela que identifica sujeito com indivíduo psíquico (mundo interno e privado). Para o autor

> [...] o conceito de sujeito com que trabalhamos se diferencia radicalmente dessas noções, uma vez que concebe que o sujeito se constitui por uma relação com o outro sujeito (relação intersubjetiva), ou seja: não há diferença entre sujeito psíquico

(sujeito da história individual e do desejo consciente) e sujeito social (sujeito da história social e de suas transformações) (1996, p. 69).

Para que esta noção de subjetividade seja alcançada, temos que buscar novos paradigmas em educação que possibilitem entender a complexidade na qual vivemos nesse momento do ato de educar (tanto no sentido de *educare*, como de *educere*).

Queremos mostrar não uma disputa entre cientificismo, objetividade, conhecimento e a questão da afetividade, emotividade e subjetividade, mas sim um trabalho que favoreça as partes de um todo, como uma orquestra, em que a Orientação pode ser chamada para ajudar os membros dessa mesma orquestra. A beleza do som, a sincronicidade do todo, depende de todas as partes.

As questões básicas

Três questões são significativas nessa reflexão e se apresentam como básicas para uma discussão mais aprofundada:

1. Tem sentido, ainda, formar Orientadores Educacionais, ou, em outras palavras, a Orientação Educacional ainda hoje é necessária nas escolas?
2. Quais as funções/atribuições do Orientador Educacional no contexto atual?
3. Como trabalhar com a Orientação Educacional em termos de um trabalho interdisciplinar em que se aliem fatores psicológicos, sociológicos, antropoló-

gicos, histórico-sociais, na discussão da formação do sujeito?

Tentando responder de uma forma breve às questões apontadas, poderíamos dizer, primeiro, que acreditamos que ainda tenha sentido formar orientadores educacionais no contexto atual porque precisamos de profissionais que atuem com suas especificidades para a consecução dos objetivos do projeto pedagógico da escola. Ele é o profissional comprometido com as relações dentro da escola, trazendo à tona os dados da própria sociedade e do aluno e procurando, junto a estes, colaborar para que as pessoas alcancem os resultados pretendidos de forma satisfatória. A complexidade da vida cotidiana leva-nos a pensar/agir sobre uma série de fatos e situações que não são somente os direcionados à aquisição do conhecimento e saber, mas também ao sentimento-emoção. Desde questões ligadas ao posicionamento e à tomada de decisão diante de determinados acontecimentos até a valoração dos valores escolhidos nas nossas vidas, as pessoas que convivem na escola poderão ter um espaço para discussão e análise de situações vivenciadas no dia a dia. O Orientador Educacional pode promover a instigação, a provocação e a reflexão nas pessoas, assim como pode colaborar na promoção de espaços que estimulem e incentivem novas aquisições de conhecimento e saber. Esse conhecimento não está posto numa redoma para ser apreendido ou ensinado e sim colocado em todos os lugares, até na sala de aula, para ser vivido e compreendido. Se hoje há uma preocupação voltada para a formação do sujeito como um todo, por certo a Orientação Educacional tem um papel significativo nessa formação quando, através de sua prática, desenvolve situações/atividades com um diálogo aberto, com relações autênticas e honestas, com estímulo à expressão do indivíduo, à flexibilidade e à tolerância das suas posições e papéis na vida em sociedade.

O currículo da escola, o projeto pedagógico da escola, tem de contemplar tanto as questões conteudistas como as questões dos sentimentos, das emoções, das atitudes, dos valores. O indivíduo não se (in)forma apenas pelo saber das disciplinas, mas e também pela posição, compreensão e tomada de decisão nas diferentes formas de aprender e viver os conhecimentos e valores dispostos na sociedade. Para dar sentido a essa proposta, devemos ter na escola entre outros especialistas, o Orientador Educacional, cujas funções principais seriam as de mediação, articulação e mobilização junto ao desenvolvimento do próprio processo educacional. As atribuições estariam muito mais voltadas para as questões pedagógicas do aluno, da dinâmica das relações da escola, da leitura e interpretação da complexidade da vida cotidiana. Quanto ao trabalho interdisciplinar da Orientação, acredito que esta possa contribuir com seus fundamentos para a discussão e a problematização das questões referentes à criatividade, às representações sociais e à construção do conhecimento e da moralidade.

Observo que existem dificuldades para que essas posições possam ser tomadas de forma menos polarizadora, pois ainda somos chamados a explicar o por que e para que existe Orientação Educacional nas escolas; entretanto, essas dificuldades ocorrem também em outros países, caracterizadas desde questões epistemológicas até questões pedagógicas. Para Vega (1993), os dilemas da Orientação Educacional estão inseridos desde as questões das funções e papéis do Orientador, da fundamentação teórica específica, até a responsabilidade de quem orienta o aluno: o Orientador ou a comunidade educativa?

Podemos destacar os principais *dilemas* da Orientação Educacional, na realidade brasileira, como sendo:

— A forte influência da Psicologia na Orientação: este dado caracteriza a dimensão terapêutica da Orientação. Nessa tendência, identifica-se: o aluno como único responsável por seus atos, seus sucessos ou fracassos; sua decisão profissional como fruto de suas aptidões (que eram vistas como inatas), de suas possibilidades e potencialidades para o seu desenvolvimento pessoal/social. Esta posição assinala uma Orientação mais centrada no aluno, em termos de suas questões/ações pessoais, do que nas questões que estão no entorno desse indivíduo.

— A relação de poder no exercício da Orientação. Este fato mostra a estreita relação entre as normas e critérios políticos-pedagógicos (no sistema educacional e, portanto, nas escolas) e as decisões a serem tomadas pela Orientação, isto é, as relações de poder fazem com que haja uma orientação dentro de determinados padrões normativos, dentro de um paradigma considerado bom e verdadeiro pelo sistema.

— A relação espaço-tempo da e na Orientação Educacional, caracterizada pela tentativa de se resolver a curto prazo os problemas da educação e das crises pedagógicas ou sociais que ocorriam no interior da escola. Esta problemática ficaria mais fácil de ser atendida se encontrássemos um responsável para resolver esses dilemas na viabilização de solução para eles. A Orientação Educacional teria um espaço e um tempo, dentro de um serviço de Orientação para trabalhar as crises e os desajustes dos alunos, permitindo à escola prosseguir com o seu trabalho normalmente. A Orientação contribuiu, no meu entender, para uma análise de um trabalho fragmentado nas escolas, caracterizando, inclusive, o que alguns autores denominam de divisão social do trabalho na escola, identificado nas atribuições: os professores ensinam, os supervisores atendem o professor, os Orientadores ajudam os alunos, e o diretor dirige a escola. O coletivo não era buscado numa visão integrada de objetivos e finalidades, dentro de uma proposta pedagógica.

Num mundo em que se globalizam ações e atitudes, as especializações, no meu entender, continuarão existindo, cada vez mais, sem perder de vista, entretanto, o contexto em que se realizam. A ocorrência é globalizada, mas a ação é localizada, já nos afirma Boaventura de Sousa Santos. O mesmo ocorre nas escolas que necessitam ter um profissional que auxilie alunos e professores na dimensão de ARGUMENTAR, DISCUTIR e REFLETIR sobre o contexto pessoal e social, de forma a tornar o aluno mais crítico e consciente da sociedade em que vive. O Orientador trabalha com os conceitos de PARCERIA, COM-PARTILHAR e DISTRIBUIR, sinalizando para o aluno os valores inseridos num país em que se quer ser mais justo, mais humano e mais solidário.

Para isto, a Orientação Educacional deve continuar existindo — com novas percepções e significados — ajudando a superar os desafios, mas trabalhando com novos eixos paradigmáticos da educação, envolvendo as questões do conhecimento, dos valores e da criatividade.

A história de um curso de Orientação Educacional

No final da década de 1980, em especial o início da década de 1990, por uma série de fatores político-sociais--históricos e pela tendência das teorias críticas que alicerçavam a educação brasileira, os cursos de Pedagogia começaram a sofrer reformulações, suprimindo as habilitações e apresentando novas habilitações na sua organização curricular.

No caso do Curso de Pedagogia da UERJ/RJ, a reformulação ocorreu em 1991, com as novas habilitações inseridas no seu quadro: Educação Infantil, Educação de Jovens e Adultos e Educação Especial. As antigas habilitações, dentre elas a Supervisão Escolar e a Orientação Educacional, passaram para o curso de pós-graduação *lato sensu*.

O curso destina-se a formar orientadores educacionais e supervisores escolares, num currículo de 435 horas, integrado por disciplinas obrigatórias e eletivas. O curso não se constitui numa passagem da graduação para a pós-graduação e sim numa nova abordagem e nova dinâmica de funcionamento. A monografia de final do curso deve se constituir num objeto de estudo desde o início do curso e está relacionada aos trabalhos de metodologia da pesquisa e à participação do aluno no estágio supervisionado. As atividades não são desvinculadas ou fragmentadas; pertencem ao todo de uma formação específica.

O que temos observado, entre tantos resultados satisfatórios já obtidos, é que a proposta, por exemplo, da disciplina Concepções e Prática da Orientação Educacional correspondeu às nossas expectativas na medida em que propusemos uma disciplina para fundamentar o trabalho do orientador com ênfase nas questões relativas à formação da subjetividade.

A proposta de formação de um novo especialista em educação incorporou, além dos aspectos que foram assinalados, outros relacionados ao significado do que seja um especialista da educação, do projeto pedagógico que as escolas devem formular e da formação em si desse profissional num mundo marcado por nítidas transformações sociais, culturais, políticas e econômicas.

Para a construção desse novo curso de formação de especialistas em educação partimos de algumas perguntas que precisavam ser respondidas por todos que estão comprometidos com a educação, que vão desde o objeto de trabalho desses especialistas até as suas atribuições e funções na escola numa visão interdisciplinar. Como afirma Ivani Fazenda (1994),

> O fenômeno da interdisciplinaridade como instrumento de resgate do ser humano com a síntese projeta-se no mundo todo. Mais importante que conceituar é refletir a respeito de atitudes que se constituem como interdisciplinares. Nessa obra os autores apresentam visões da interdisciplinaridade em várias áreas do conhecimento além da educação, tais como a História da Ciência, Ciências Naturais, Ciências Humanas, Sociologia, Matemática, Psicologia e Teologia.

Outro ponto importante dos cursos é o trabalho voltado para a construção do projeto pedagógico da escola. Desde a discussão da escola enquanto uma organização social até a formação do aluno enquanto sujeito da sua história discute--se e analisa-se aquele projeto, levando em consideração as questões do conhecimento, do desejo, da criatividade.

Por certo, ao discutirmos e analisarmos o projeto pedagógico, estaremos trabalhando a dimensão da democratização do ensino, as diversidades culturais e a formação da cidadania. Outro dado muito significativo para o trabalho da Orientação Educacional hoje é a questão referente aos limites e à liberdade da educação. Num tempo em que aparentemente tudo é permitido, como fica a educação? Quais os limites que devem ser estabelecidos ou, ao contrário, não deve haver limite algum? Como a escola forma o sujeito a partir dos valores e princípios que possui, mas que também o aluno, enquanto sujeito, os possui? Essa complexidade, mais do que um dado existente, precisa ser discutida e analisada.

Essa e outras preocupações estiveram presentes nesse Curso de Orientação Educacional que buscou formar um profissional para atuar no contexto atual. Como diz Nóvoa (1992, p. 28):

> A formação não se faz antes da mudança, faz-se durante, produz-se nesse esforço de inovação e de procura dos melhores recursos para a transformação da escola. É esta perspectiva ecológica de mudança interativa dos profissionais e dos contextos que dá um novo sentido às práticas de formação de professores centradas nas escolas.

Ao construirmos o próprio projeto pedagógico do Curso e ao discutirmos e analisarmos este planejamento, no nível da sala de aula, consideramos este projeto numa abordagem coletiva e transformadora que tem dimensões próprias e específicas. Ressaltaríamos a dimensão epistemológica (o conhecimento que ele deve abranger), a dimensão pedagógica (incluindo a questão curricular com seus procedimentos e metodologias), a dimensão política (na perspectiva do papel político do professor/especialista) e, também, a dimensão de desenvolvimento profissional (ligado a uma visão mais crítica de sua profissão, e como diz Nóvoa (1992), na dupla perspectiva do professor individual e do coletivo docente).

Ao estruturarmos um curso que atendesse às necessidades dos especialistas, começamos nosso projeto indagando os "porquês" da existência desses profissionais na escola e que papel eles cumpririam, hoje, no momento em que superamos o discurso da divisão social do trabalho.

O novo tempo traz mudanças sensíveis, seja na família, na religião, nas questões econômico-sociais, no desemprego, na política neoliberal etc. O enfrentamento desse e de outros problemas tem de começar com o conhecimento e a análise deles para que se efetue uma orientação de qualidade no cotidiano da escola. O conhecimento dessas áreas não caracteriza apenas os fatos da entrada no novo milênio, mas nos mostra que, sem contextualizarmos a Educação e, por conseguinte, a orientação, teremos apenas uma visão do problema e não a visão mais ampla da situação e de suas interferências na escola com sua ação sistemática de formar e informar o aluno. A Orientação Educacional tem de estar atenta a todo o contexto onde a educação ocorre.

Um curso de formação de Orientadores Educacionais deve estar, também, comprometido com a formação da pessoa do especialista. Nóvoa (1992, p. 25) enfatiza que:

> O professor é a pessoa, e uma parte importante da pessoa é o professor. Urge, pois, (re)encontrar espaços de interação entre as dimensões pessoais e profissionais, permitindo aos professores apropriarem-se dos seus processos de formação e dar-lhes um sentido no quadro de suas histórias de vida.

Esta é também nossa fundamentação no sentido de uma formação que seja apoiada num projeto que considere a história de vida do docente enquanto aluno, resgatando seus saberes e experiências, seus valores e sentimentos, numa perspectiva de formação permanente. Finalizo concordando com e salientando o que Nóvoa afirma:

Toda a formação encerra um projeto de ação. E de transformação. E não há projeto sem opções. As minhas passam pela valorização das pessoas e dos grupos que têm lutado pela inovação no interior das escolas e do sistema educativo. Outras passarão pela tentativa de impor novos dispositivos de controle e enquadramento. Os desafios da formação dos professores (e da profissão docente) jogam-se nesse confronto (1992, p. 31).

As monografias já produzidas pelos alunos, numa diversidade/aprofundamento de temas e abordagens, apontaram-nos que estávamos percorrendo o caminho certo em busca de uma orientação de qualidade. Temos de continuar permanentemente revendo e atualizando nossos objetivos e finalidades, numa proposta contextualizada. Cabe continuar, então, investindo numa formação do profissional que o capacite na análise da construção da formação da subjetividade (objeto da Orientação), que, com os múltiplos aspectos que a delineiam ou determinam, estão presentes na formação do indivíduo. Como já afirmamos anteriormente, o curso não foi apresentado na UERJ nos últimos cinco anos.

Em busca de conclusões

O tema amplo, complexo e inesgotável nos mobiliza a continuar estudando e acreditando cada vez mais na Orientação Educacional, em nosso país, observando que:

1. As transformações da ordem macro e microssocial estão a exigir novos parceiros capazes de compartilhar o processo pedagógico; não estamos falando de responsabilidade única para esses especialistas, os orientadores, mas sim novos e mais bem-formados profissionais em busca de interferir, participar e mudar a sua realidade. Seu trabalho, na escola, está voltado para a formação do cidadão. Como diz Sacristán

> [...] a escola pode muito bem ensinar a decodificar as situações complexas, a produzir cidadãos mais responsáveis, capazes de reivindicar igualdade e solidariedade. A escola pode tornar-se um instrumento de conscientização cidadã (1997, p. 8).

2. A complexidade da vida contemporânea acarreta grandes desafios ao homem na busca de sua identidade e dos valores necessários ao seu equilíbrio dentro da própria sociedade. Esta complexidade faz parte da vida de todos os protagonistas da escola. O desvelamento, a reflexão dessa complexidade, ajuda a compreensão da realidade vivida.

3. As instituições, tais como a escola, a família, o Estado e a Igreja, estão passando por uma grande modificação na sua concepção e desenvolvimento; esperar que cada instituição faça a sua parte para depois começar a agir estaremos perdendo, no mínimo, a oportunidade de interferir como educadores nesse processo. Os especialistas poderão contribuir para um novo momento da escola, das instituições, agindo coletivamente em prol de uma transformação desejada.

4. A Orientação deve buscar uma visão mais completa da situação e do sujeito; as especificidades do campo de ação ajudam o entendimento da totalidade, sem perder de vista a singularidade. Nessa abordagem, novos "aliados"

terão um trabalho próprio na escola, nos quais três indicativos se impõem: a comunicação, a argumentação e a informação. Eles são dados significativos à formação do sujeito. A multiplicidade dos enfoques e análises que caracteriza o fenômeno educativo não torna inócua a Orientação Educacional; ao contrário precisamos dela como campo de ação e investigação para dinamizar o processo educativo e a formação do aluno/cidadão.

5. As questões do mundo contemporâneo — e eu destacaria, entre outras, a questão da violência, das drogas, da Aids etc. — devem ser objeto de discussão na escola com professores, alunos e responsáveis. Os alunos devem ser esclarecidos sobre essas temáticas, seus limites e suas ações, viabilizando meios para uma visão mais crítica dos assuntos e as possibilidades de uma sociedade construída com mais paz e solidariedade.

No mundo das incertezas que caracteriza a pós-modernidade — assim acredito — identifico a Orientação Educacional como uma das áreas que caminha junto com a educação como a área que tem o compromisso de formar o indivíduo na busca e construção de suas próprias certezas e valores. A construção da subjetividade, da intersubjetividade, são pontos significativos e importantes na ação dos Orientadores junto a seus alunos/orientandos.

2
Ação integrada entre Orientador Educacional e supervisor educacional

Nos tempos atuais temos percebido mudanças significativas que têm trazido para nossa realidade social constatações e busca de interpretações as mais diferentes possíveis. Cada vez mais o conhecimento se torna imprescindível ao avanço de novos saberes e a informação amplia nos seus múltiplos campos da sociedade e da própria ciência. O objetivo deste capítulo é identificar a importância da escola, a partir do momento presente, na formação do sujeito, não apenas como um espaço onde o aluno vai aprender e o professor e a professora vão ensinar, mas sim um espaço de construção de subjetividades, portanto, um espaço privilegiado de informação e formação de sujeitos. Queremos pensar numa escola que altere a sua proposta de "dar o programa", desconhecendo a realidade dos alunos, para uma escola que, partindo da realidade dos alunos, ajude-os no seu processo de desenvolvimento e conhecimento. Acreditamos que a escola, hoje, está muito mais invadida que antes com conhecimentos que extrapolam o seu currículo, com realidades que são diferenciadas do próprio contexto escolar, com um universo de informações que não para de crescer, englobando as questões relativas à formação de um sujeito que, além de viver as crises e mudanças dos dias atuais, não tem ideia do que lhe aguarda em termos futuros, principalmente no campo do trabalho. O grande objetivo, entretanto, desse capítulo é sinalizar, identificar e justificar como e por que os especialistas da educação são imprescindíveis na escola nos tempos atuais.

O estudo evidencia as mudanças ocorridas no contexto atual e que de certa forma incidem na educação e na escola, onde formalmente a educação se desenvolve, com o objetivo de identificar as transformações que ocorrem fora da escola, mas que vão interferir dentro da escola, na sua cultura e nos próprios protagonistas que a vivenciam. Queremos dizer que o tempo e a história mudaram e que precisamos de uma nova educação, que possibilite atender aos reclamos desse novo tempo, formando com mais qualidade os sujeitos de nossa sociedade.

A seguir, tentamos verificar/analisar a educação em termos de produção de sentidos, assinalando um pouco da história da educação, sua trajetória e de que forma esses pedagogos, a partir de um trabalho especializado, com tarefas específicas, eram os responsáveis pela direção da escola, pelo professor, pelo currículo, pelos alunos, pelos pais e pela comunidade. A produção do sentido da escola acontecia na vertente da escola como um *lócus* de informação, mas também deverá acontecer como um espaço privilegiado de formação dos sujeitos.

A escola constitui-se também como um objeto de nossa análise, procurando verificar a escola que temos ou que queremos ter, sinalizando para o papel que ela hoje desempenha no cotidiano escolar e suas repercussões na própria sociedade.

A reflexão sobre o papel do pedagogo entra em confronto com o papel do professor, mostrando que ideologicamente tanto o supervisor como o orientador educacional estiveram mais a serviço de uma causa institucional do que de fato a serviço das reais necessidades dos seus trabalhos. Esse contexto amplia-se com a presença do orientador educacional, enquanto pedagogo, cuja identidade e profissão ainda estão a merecer um destaque maior pela sociedade. Finalmente, desenvolve-se uma estratégia de ação, sinalizando para o trabalho específico do pedagogo no atual contexto da educação do país, o que demonstra que sua função social transcende as funções técnico-burocráticas da escola para colaborar num universo maior da própria educação.

Diversidade e perplexidade

No mundo atual, inúmeras são as mudanças e os desafios que estamos enfrentando. O professor/pedagogo não pode ignorar as alterações que todos nós estamos vivendo e cujas repercussões não se limitam aos limites do campo político, econômico ou social. Em termos de novos fatos que estão disponíveis no cenário nacional/internacional, surgem novos discursos ou práticas pedagógicas nas escolas públicas e outros espaços sociais dos quais professores e professoras participam.

Na reflexão maior da globalização, observamos um outro "mapa-múndi" da realidade geográfica, política, econômica e social do mundo, retratada seja pela planetarização, seja pela mundialização que lhes dão suporte nos seus objetivos. Para Corrêa,

> Globalização é a atual forma capitalista de expressão histórico-social desse incessante movimento de acumulação e internacionalização do capital inerente à própria natureza do capital, hoje, particularmente do capital financeiro e especulativo (2000, p. 13).

A globalização trouxe nova forma de perceber o mundo e se perceber, mostrando que isso não é um processo novo e que traz no seu contexto — em especial — a noção de inclusão e exclusão desse contexto. Outra dimensão é a noção de direitos sociais e de igualdade nas sociedades democráticas para garantir a construção de uma ordem social regulada pelos princípios do livre mercado como a única solução natural. Para Vargas,

> a tecnologia é um conjunto de atividades humanas associadas a um sistema de símbolos, instrumentos e máquinas visando à construção de obras e à fabricação, segundo teorias, métodos e processos da ciência moderna (1999, p. 41).

As novas tecnologias, com destaque para o campo da informática, trouxe, como diria Schaff (1990), uma grande revolução, a terceira para o autor, após a revolução industrial. Convive-se hoje com um computador como se sua existência fosse de longa data com o usuário. Não basta ter o computador na escola; é necessário que se discuta e se reflita sobre as mudanças que ele — a informática — trouxe à vida na escola, à vida do aluno e do professor.

Na análise e reflexão da pós-modernidade, vamos encontrar que esta questiona as certezas tidas como únicas no universo do conhecimento. A racionalidade deu lugar a uma imprevisibilidade. Giddens (2002) nos fala, em relação à modernidade, que ela é "[...] essencialmente, uma ordem pós-tradicional. A transformação do tempo e do espaço, em conjunto com os mecanismos de desencaixe, afasta a vida social da influência de práticas e preceitos estabelecidos" (p. 47).

Alguns autores, como Lyotard (1984), chamam esse momento de pós-modernidade, onde a questão da ciência, de suas regras, normas e critérios tomam outra dimensão pelos tempos/espaços de sua execução.

Peter McLaren (1993) indica três contribuições do pensamento pós-moderno para uma Pedagogia Crítica, a saber:

1. uma reavaliação dos paradigmas teóricos de referência que até hoje têm norteado a produção do conhecimento, especialmente aquele que provém do Iluminismo;

2. uma sistematização das explicações de fenômenos novos que surgem na sociedade como o efêmero, o modismo, o transparente, a emergência de novos sujeitos sociais;

3. tentativa de um mapeamento das transformações que estão ocorrendo no mundo contemporâneo (e que caracterizam a chamada "condição pós--moderna").

Em termos do neoliberalismo, pode ser considerado como uma superestrutura ideológica e política que tem acompanhado a transformação histórica do capitalismo moderno.

Em síntese, o que gostaríamos de chamar a atenção é que os novos tempos trouxeram mudanças significativas a todos os campos, inclusive do próprio conhecimento, que antes se pensava que era construído de forma hierárquica de baixo para cima, como uma árvore e, hoje, acredita-se que ele é construído em forma de redes. Então, temos um mundo lá fora onde as mudanças significativas estão ocorrendo, e um mundo dentro da escola onde o conhecimento está sendo construído.

A diversidade dos temas leva-nos a uma certa perplexidade, não dos fatos, mas de seus resultados e repercussões. Morin (2008) acrescenta que os conhecimentos são produzidos por uma complexidade social que está inserida numa complexidade do sistema social, em interação com a própria complexidade do sujeito.

O que pretendo identificar é que os tempos, hoje, são substancialmente diferentes de histórias de educação passadas, em que o pedagogo era chamado de técnico de educação e cujas atividades/funções transcorriam por expectativas que daquele profissional se esperava. Não só mudaram os tempos como a educação que hoje se efetiva transcorre de forma também diferenciada dos modelos tradicionais de épocas passadas. Devo lembrar que a educação que se pretende de qualidade está no contexto da informação e da formação de um sujeito. De um cidadão que vai viver e conviver na sua sociedade querendo, sempre, ajudá-la (e ajudar a si também) e transformá-la sempre para melhor. O pedagogo, na sua função social, partindo de que a educação é uma prática social, tem de ficar atento e integrado às novas exigências que estão no contexto social, econômico, político ou social, exigências essas que vão além do ensino-aprendizagem dentro da escola, seja em termos cognitivos, seja em termos gerais das necessidades, interesses ou expectativas dos alunos enquanto indivíduos de uma sociedade.

Educação e produção de sentido

Nesse tópico queremos chamar a atenção para o significado hoje de educação, cujas tendências educacionais vão desde as tradicionais até as tendências da pedagogia crítica social do conteúdo. Novos paradigmas estão surgindo, como a que eu denomino de pedagogia da totalidade que tenta unir três eixos paradigmáticos, tais como:

- a objetividade, em que estão os conhecimentos;
- a subjetividade, onde encontramos as emoções e os valores;
- e a criatividade, onde encontramos as novas formas e estratégias para uma vida mais feliz e melhor.

A linguagem e a subjetividade colocam dentro da educação a importância das novas formas de linguagem, principalmente a midiática, a da comunicação e o significado que elas contêm. A subjetividade está nesse contexto, valorizando certos modelos de pensamento.

O circuito da educação como promotora de sentidos leva-nos a pensar na educação em termos de entender a propagação, o consumo de certos repertórios de conduta, que por si só têm um sentido próprio que dão consistência ao imaginário de uma época. Esta educação que não para nunca vai criando uma consistência e consciência que dão significado ao mundo a partir de sua própria existência e da experiência pessoal.

O significado do saber/poder leva-nos a repensar o papel da educação não só como forma de aquisição de um saber mas como o poder que esse saber adquire no mundo pós-moderno. Uma pergunta poderia ser feita: que saberes deverão estar implícitos na educação, seja em termos do conhecimento, seja em termos dos valores? A questão da identidade e da diferença leva-nos à dimensão sociocultural da educação, com os conceitos do multiculturalismo que atende a uma educação intercultural, valorizando o macro e o micro, com uma redescrição das identidades, respeitando as diferenças sem procurar a igualdade nas culturas dentro da escola como hegemonia de uma classe dominante.

O multiculturalismo tem implicações éticas, pois a participação e a transformação social são dados significativos na liberdade de expressão e de história de vida.

A escola: um espaço diferenciado

A escola hoje tem características próprias que vão muito além do ensinar a ler e escrever. Para que serve a escola, em tempos atuais, quando não necessariamente uma formação específica garante pelo menos um emprego para quem possui determinada escolaridade? Não estou apregoando o fim da escola, nem acredito que isso vá acontecer com o advento de uma educação a distância; mas esta escola que temos não está atendendo a quem nela está nem consegue responder à demanda dos que dela estão fora.

Os atores da escola, em especial professores e alunos, transitam com uma série de mudanças com as quais, muitas vezes, torna-se difícil cumprir um currículo desejado. A problemática da escola hoje encontra eco nas questões da violência, da alimentação, do material escolar, do distanciamento dos desafios sociais que cada vez mais toma conta *da* e *na* escola.

Os espaços da escola não são apenas da aprendizagem cognitiva, mas da formação do sujeito, da construção da subjetividade, da própria construção da cidadania. O espaço da escola é o espaço da história de vida dos professores e dos alunos, que deve ser recuperado/trabalhado numa ação coletiva, identificando as dificuldades, os sucessos, trabalhando a autoestima e valorizando o papel da educação na formação do indivíduo. A escola deve ser um espaço para as múltiplas formas de saber e de conviver. Devemos aproveitar o que ocorre no cotidiano trazendo para a escola, para sala de aula, a análise e a argumentação do que está ocorrendo na própria sociedade.

A questão da escola e da cultura nos mostra, como diz Edgar Morin (2008), que temos de religar os saberes para se chegar a conhecer o todo. A cultura nos oferece as diferentes modalidades e inter-relações desse todo, e a escola não pode dela se distanciar sob pena de formar alunos para um mundo que só existe para ela.

Muito já se falou da crise na escola, e a sua superação por certo não se dará por meio de *pacotes pedagógicos* ou de mudanças externas: a escola tem e deve ter o poder de ajudar a formação do sujeito, e isto não ocorrerá por substituição de professores pela televisão ou pelo vídeo, ou, quem sabe, substituição de alunos por meros sujeitos passivos de uma história de vida.

A questão da escola pode ser caracterizada como a busca de uma identidade nos dias atuais. Esta busca reflete as grandes mudanças sociais, culturais, políticas, econômicas e tecnológicas que vivemos, e que, por outro lado, tem trazido para a discussão a problemática do gênero, da sexualidade, das minorias, das nacionalidades, das etnias, dos territórios, da luta pelo poder, das exclusões, das questões do trabalho, da fome, da miséria etc. Essa problemática, por outro lado, repercute e também recebe as influências dos vários espaços institucionais em que atuamos, quais sejam: a família, a própria escola, a igreja, os sindicatos, os hospitais, a mídia etc. Esse tempo que alguns autores caracterizam como modernidade tardia ou como pós-colonialismo apresenta uma grande reflexibilidade (Giddens, 1992; Giddens, Beck, Lash, 1997) sobre suas principais temáticas. A todo o momento somos impelidos a pensar uma série de iniciativas que devemos tomar, ou a pensar como damos conta das nossas atividades e do tempo para realizá-las, ou a pensar como temos de fazer para mudar o que precisamos, enfim, pensamos direta ou indiretamente a partir de nossos valores. Da mesma forma que nos questionamos (ou procuramos nos questionar) como devemos agir, o que devemos saber/ saber fazer nesse universo que habitamos, também nos preocupamos com a identidade que hoje devem ter as instituições, em especial com as quais atuamos. Todos sabem, por exemplo, que a família de hoje não é a mesma de cinquenta, quarenta anos atrás; e a escola, é a mesma? Mudaram os currículos e os programas; e o seu interior, manteve-se o mesmo ou houve avanços ou recuos? A nossa vida pessoal tem afetado a vida em comunidade, assim como tem possibilitado que revisitássemos outros períodos da história verificando as alterações entre ambos (Giddens, 1992).

As mudanças ocorridas na sociedade contemporânea, as rápidas transformações no mundo do trabalho, o avanço tecnológico vão incidir diretamente na escola, aumentando cada vez mais seus desafios entre o ensinar e o aprender, entre o viver e o conviver, entre o informar e o formar, entre o reproduzir e o criar. Esses são alguns dos desafios que podem tornar a escola um espaço de conhecimento, mas também de formação do sujeito. Quando pensamos na escola, fica muito simples, ou quase simples, pensar num currículo, num programa a ser cumprido, onde por certo teremos as práticas e culturas pedagógicas (hoje ainda tradicionais) que apresentam os índices de retenção, evasão, acentuando a exclusão social. O grande desafio é como podemos educar nossos alunos promovendo a busca do saber, do conhecimento, das diferentes vias de acesso a este conhecimento, mas sem deixar de lado a formação do sujeito, portanto, propiciando-lhes um desenvolvimento humano, cultural, científico, tecnológico, de modo que, pelo menos, tenham condições de enfrentar as exigências do mundo contemporâneo.

Podemos perceber um caráter "multi" e interdisciplinar que interage nessa escola. Precisamos estar atentos ao que outras áreas de investigação têm a dizer sobre nossos alunos e professores, sobre gestão da escola, sobre pais, família e comunidade; precisamos sair do olhar, da dimensão única da escola e ir buscar conhecimentos também em outros segmentos que estudam e pesquisam a área. Se voltarmos o olhar apenas para a escola, precisamos saber como se dimensionam as relações dentro da escola, como é apreendido o conhecimento, as redes de conhecimento, as questões da construção da subjetividade.

Ao pensarmos na escola enquanto fonte/organização de um saber a ser apreendido, onde está inserida a questão da escolaridade, as questões que a ela são dedicadas podem ser listadas, entre outras, como: a proposta metodológica, o currículo, a avaliação, o cotidiano escolar, os procedimentos metodológicos, as relações interpessoais, o conteúdo escolar etc. Ao pensarmos, porém, na escola como um espaço também (e principalmente) de educação, as questões básicas a serem listadas seriam: os valores/princípios; a formação do sujeito (construção da subjetividade); as relações com a sociedade, com o mundo do trabalho, com o seu próprio sentido de vida. Se os conhecimentos hoje caminham, são construídos de formas diferentes e não linearmente, também os acontecimentos dos quais participamos na vida não ocorrem de forma linear e sucessiva. Nesse sentido, percebemos o que Morin (2008) denomina de complexidade nesse contexto atual, mostrando-nos que os conhecimentos surgem da complexidade social mas, por outro lado, eles vão incidir na própria complexidade social.

Com as mudanças ocorridas em todo o século XX, em especial nessa última década, a questão da educação revestiu-se de outra abordagem diferenciada. O mundo hoje tende a ser visto na perspectiva da globalização; vemos surgir a cada momento novos produtos, novas descobertas no campo das novas tecnologias; a sociedade vive numa dimensão em que se denominou chamar de pós-modernidade, onde as incertezas, dúvidas e a própria cientificidade estão vivendo o que chamamos de crise de paradigmas. No campo da política, observamos um contexto neoliberal a organizar uma nova proposta de Estado e de suas ações. Poderíamos ampliar nossa reflexão, dialogando com Eric Hobsbawm (1995), no seu livro *A era dos extremos*, que mostra o que aconteceu nos anos finais do século XX, onde sobressai, entre outras afirmações, a questão da família (o que é a família hoje?); a busca de uma eterna juventude, a busca de uma felicidade imediata e a questão da religiosidade, em que a transcendência, em termos da espiritualidade, se manifesta de diferentes maneiras. Ora, é com esse contexto, é com essa realidade identificada em alguns pontos, apenas, que realizamos nossa tarefa de educar, seja na escola, seja na família. Muitas dúvidas nos ocorrem quando queremos desenvolver esta tarefa da melhor maneira possível, embora saibamos que o mundo hoje, com toda a questão de acesso fácil e rápido à informação, nos leve a perceber que a complexidade da educação não está no que se passa na televisão, nas minisséries, nas festinhas dos jovens, no consumo exacerbado, na falta de limites, na falta de responsabilidade dos filhos, na reclamação permanente destes, na falta de tempo para organizarmos nossas vidas, entre outros. A complexidade reside em como dar conta de tudo isso sendo capaz de educar satisfatoriamente. Esse, também, é um papel da escola.

Não temos regras fixas que, se seguidas rigidamente, vão nos levar aos resultados mais eficazes possíveis na educação. Entretanto, gostaria de identificar alguns pontos que nos permitirão analisar, refletir, discutir sobre a questão da educação. São eles:

- Educação é uma prática social, portanto, sua ação depende do meio e interfere no mesmo, isto é, o contexto onde a educação ocorre é de suma importância para sua compreensão e a transformação desejada;
- Educação é uma instituição envolta em valores e princípios, isto é, quando se educa espera-se que determinados objetivos sejam alcançados porque determinados valores estão subjacentes a esses objetivos e finalidades;
- Educação segue, então, princípios que devem ser coerentes com o que se pretende obter;

- Educar é estabelecer limites, portanto, educar não é deixar os filhos/alunos fazerem todas as suas vontades/necessidades; educar pressupõe determinadas orientações a partir dos valores com os quais o educador se identifica;
- Educar não é apenas ensinar, instruir, e sim formar, informar, ajudar o outro na construção da sua própria subjetividade;
- Educar é dialogar, conversar, argumentar, refletir junto com os alunos sem ter uma opinião fechada como verdadeira e única, mas dando a oportunidade para que a formação do seu filho ocorra pelas contingências da própria vida, o que supõe contradições e conflitos;
- Educar é tarefa da escola, que não pode e não deve apenas se preocupar, se envolver com o conhecimento de um saber programado, mas sim de um conhecimento que forme o sujeito para ser capaz de produzir, pensar, amar, sonhar e de trabalhar para um mundo melhor.

Um dos pontos mais significativos nessa reflexão e que merece vários capítulos à parte (mas não pode aqui ser esquecido) é a questão da educação e da tecnologia ou, em outras palavras, como se educa na/com a subjetividade no mundo — cada vez mais amplo da objetividade tecnológica. A Orientação tem e deve considerar esta relação até porque os alunos cada vez mais vivenciam — e trazem para a escola — toda a amplitude das novas tecnologias, que muitas vezes ele utilizam/experienciam com mais facilidade e propriedade fora da escola.

O papel dos especialistas: orientadores e supervisores

Como tentamos demonstrar, o mundo contemporâneo mudou, apresenta grandes transformações, e elas incidem sobre todos os espaços da sociedade. A escola, enquanto instituição dessa sociedade, dá e recebe influências, num jogo permanente de conhecimentos e atitudes. A incerteza, uma das características dessa pós-modernidade em que vivemos, amplia os conflitos e desafios que temos que enfrentar. Ao identificar a importância dos especialistas na escola, não o fazemos pelo critério da justificativa, mas sim da necessidade e da evidência de uma outra escola para formar um novo sujeito para um novo tempo.

Acreditamos que houve um excesso de um discurso apontando para a não necessidade dos especialistas nas escolas, talvez até por ignorarem o seu verdadeiro sentido que extrapola funções e/ou atividades a serem cumpridas. Os alunos devem ser observados muito mais do que objetos, números que constituem os diários de classe; são pessoas que estão se formando enquanto estão se informando no interior das escolas. Só podemos escrever uma nova história se acreditamos em contar/construir outras histórias para os novos tempos. Defendemos que a escola que temos pode dar conta de ensinar determinado conteúdo para seus alunos, mas não dará conta de formar o seu aluno se não contar com a colaboração de outros especialistas além de seus professores. Cada um tem uma tarefa específica, assim como orientadores e supervisores, mas todos têm de estar comprometidos com a educação no seu sentido mais amplo e epistemológico.

Aponto, a seguir, as mudanças que devem levar a escola a repensar suas funções e/ou atribuições, assim como as questões básicas que devem fortalecer as políticas públicas da educação a ter uma educação de maior qualidade no nosso país. Orientadores e supervisores não serão responsáveis apenas por essa transformação, mas serão os artífices da construção de um novo tempo, na qualidade de mediadores, articuladores do processo educacional. Suas tarefas principais, além do conhecimento específico, podem ser vistas na trilogia pensar/refletir; discutir/analisar; produzir/criar.

Entre as principais solicitações, hoje, que precisam desse conhecimento dos especialistas, estão:

- as redes de conhecimentos, em que novos campos científicos estão sendo criados, como a ecologia, a informática, a bioengenharia etc.;
- as redes sociais, que levam os alunos/indivíduos a ampliar, significativamente, o seu universo de relações pelas inúmeras formas de atuação, como *Twitter*, *Facebook*, *blogs*, *sites* etc.;
- as novas tecnologias, ampliando cada vez mais o mundo virtual, com novas formas de comunicação;
- as novas políticas, que deixam a ação do Estado menor e as decisões maiores a ser tomadas pela própria sociedade;
- os valores e princípios, que nos tempos de incerteza tendem a se tornar diferenciados pela sua própria dimensão;
- os grandes desafios trazidos pela família, pela própria escola, pelo aumento das seitas religiosas, pelos sindicatos e agremiações;
- as linguagens, o consumo, as escolhas, os conceitos.

Inúmeras são as mudanças e, se não tivermos especialistas, não teremos quem pense a escola, seus alunos, seus professores e professoras de maneira grande, global e interdisciplinar. Eles são indispensáveis à escola pelo que sabem e pelo que fazem com o que sabem. Une-os a ideia de trabalhar para a educação de forma integrada como se fosse uma rede de conhecimentos, ações e sentimentos. Não podemos separar a razão da emoção enquanto partes de um todo — nós, especialistas, fazemos esta junção não de forma apelativa ou sensitiva, mas sim de forma coerente e prudente.

Queremos uma escola que avance, que ajude o seu aluno, em especial, a crescer, criar, pensar, agir e decidir; que seja capaz de ajudar na caminhada de um mundo melhor e, para isso, a escola não deve ser apenas um espaço de tempo para aprender, mas um espaço de vida para viver e conviver, para crescer e entender o sofrer para querer e poder, para entender e fazer, para perceber e compreender que só o ser humano é capaz de ser uma pessoa que pode e deve ajudar o outro, que só o ser humano é capaz de construir a sua própria história de vida. Para ajudar essa pessoa é que nós especialistas somos convidados a participar. Tenham a certeza que nosso trabalho, mais do que nunca, nos dias de hoje, mais do que necessário, é imprescindível. O tempo dirá da nossa realidade. Sejamos capazes, juntos, de contribuir para a construção de um novo tempo, de uma nova realidade social, de uma nova ordem social, onde haja ética e a verdadeira cidadania.

3

Os rumos da educação e a contribuição da Orientação Educacional

A Orientação Educacional é uma prática pedagógica que se desenvolve — como já vimos e abordamos — nas escolas e que tem por finalidade atuar especialmente junto aos alunos na construção de suas subjetividades, assim como favorecer as relações pedagógicas que se desenvolvem no interior da instituição, favorecendo relações e trabalhando em prol de uma educação de qualidade.

O mais importante, nos dias de hoje, é pensar esta Orientação numa visão contextualizada, procurando responder às perguntas básicas de uma educação crítica e consciente e que promova, de fato, a formação da cidadania. A Orientação tem um compromisso com o saber do aluno, seus conhecimentos, a apreensão dos conteúdos, as metodologias, as avaliações etc., mas também e principalmente com a formação do sujeito no seu processo permanente de vir-a-ser. Há uma preocupação que transcende a questão do aluno em si e todas as formas que envolvem o processo ensino-aprendizagem; o espaço da Orientação está voltado para a questão do sujeito que está inserido na própria condição de ser aluno. Nossa proposta é refletir sobre a prática da Orientação no contexto da nossa realidade educacional e, portanto, da nossa realidade política, histórica, social e cultural.

Como a Orientação Educacional ocorre basicamente no interior da escola, precisamos analisar cada momento dessa e cada uma de suas atividades. Devemos considerar que tudo que acontece no interior da escola não é meramente técnico-administrativo ou meramente pedagógico e sim, antes de tudo, uma integração de todas as áreas dentro de uma dimensão político-pedagógica.

Para que possamos entender a prática da Orientação hoje, devemos analisar não só o problema educacional, mas o problema histórico no qual ela está inserida, no contexto atual. A Orientação não é mais uma atividade dentro da escola; ela tem uma proposta, ela se constitui numa área da maior importância para o desenvolvimento das atribuições e dinâmicas da própria escola.

Durante muitos anos a Orientação foi entendida como um serviço de apoio aos alunos, com um viés bem assistencialista, partindo do pressuposto de que o aluno com problemas deveria ser atendido na escola para ter melhor desempenho como aluno da escola. Atualmente a Orientação trabalha mais com o enfoque de ajudar na formação do sujeito, na perspectiva de formação da cidadania, compreendida esta como a formação do aluno para que ele seja capaz de decidir, participar, analisar e refletir sobre suas ações e decisões.

Os problemas apresentados na sociedade, como a questão dos valores, da violência, das normas, dos critérios sociais, das discriminações etc., devem ser trabalhados no interior da escola pela Orientação Educacional, procurando também identificar e compreender os próprios mecanismos da instituição escola. Numa visão bem abrangente, mais plena, o que queremos é oferecer e analisar as condições que promovam a formação da cidadania.

O conceito de cidadania acompanha a história em suas diferentes acepções, e hoje quando falamos numa escola democrática fica em aberto a questão da formação desse cidadão não só para o mundo atual como para o futuro. A ação política da escola passa por dois aspectos: a socialização do conhecimento e a questão da democratização das relações da escola com a comunidade, da escola com a família e das relações internas da escola. Enquanto a Orientação Educacional trabalhava isoladamente, em atividades fragmentadas, essas questões não tinham uma repercussão maior na prática da Orientação. A Orientação se preocupava mais com os alunos problemas ou com os problemas desses alunos. Hoje sua tarefa, no sentido de abertura, é muito maior, com o comprometimento de todos os alunos, e não de alunos especiais.

Historicamente a Orientação tinha um papel complementar na escola; preocupava-se mais com as questões de cunho psicológico, chegando mesmo a ser vista numa abordagem terapêutica. Hoje pretendemos uma Orientação mais crítica, pedagógica, que promova a vez e a voz aos alunos, que insira a questão do trabalho em todas as atividades que ocorrem na escola e que discuta acima de tudo a nossa própria sociedade, na sua conjuntura e estrutura e, também, as questões do próprio aluno como pessoa. Devemos, portanto, trabalhar muito os valores dos alunos, da escola, da sociedade, incentivando cada vez mais a sua participação dentro e fora da escola. Como exemplo, citaria os centros estudantis, os grêmios na escola e mesmo a contribuição/

incentivo aos alunos em atividades e realizações na própria sociedade, em especial quando envolvem questões relacionadas à cultura, ao esporte e ao lazer.

A questão da cidadania se coloca, pois, quando se discute a democratização da escola, nas suas relações e nas relações com a sociedade, de forma que se formem futuros cidadãos conscientes, críticos e participativos.

Nossa proposta, neste momento, é pensar o que, por que e como devemos realizar a Orientação Educacional que atenda aos reclamos do tempo presente e prepare os alunos, enquanto cidadãos, a viver numa sociedade em constante transformação.

Pretendemos responder a essas perguntas básicas e apresentar uma proposta de trabalho para uma Orientação mais pedagógica e que propicie as alternativas e estratégias para uma educação crítica, consciente e transformadora.

O que é — afinal — a Orientação Educacional?

Inúmeras são as definições da Orientação Educacional, desde o seu conceito etimológico, em que reforça o conceito de educação na sua adjetivação, até o conceito mais político e pedagógico, que a instala numa atividade no interior da escola, com papéis de mobilização, mediação e colaboração.

Ela se torna mobilizadora quando favorece o surgimento de caminhos para o estabelecimento das relações pedagógicas na escola; mediadora quando faz a "ponte" entre a escola e a sociedade, trazendo para a escola o currículo de vida do aluno; e colaboradora quando ajuda, principalmente, o aluno na consecução dos seus objetivos.

Outra forma de dizer o que é a Orientação seria assinalar o que não é a Orientação Educacional, como, por exemplo:

⇨ prática assistencialista, paternalista, ingênua e neutra;

⇨ trabalho de gabinete de Psicologia;

⇨ apaziguadora de conflitos, brigas e discussões dentro da escola;

⇨ solucionadora de problemas dos alunos e da escola;

⇨ promotora de ajustamento do aluno à escola, à família e à sociedade;

⇨ promotora de um aluno idealizado pela escola ou pela família;

⇨ a área que só atua com os aspectos psicológicos, por exemplo, em termos da escolha profissional;

⇨ executora do planejamento curricular, desenvolvendo suas tarefas que ocorrem na escola, sem integração com as demais áreas;

⇨ considerar-se acima dos professores;

⇨ ser um técnico em relações interpessoais ou cordiais na escola;

⇨ ser um inspetor qualificado, identificando problemas, indisciplinas;

⇨ prática independente, isolada, dispersa no tempo e no espaço, na escola.

A lista poderia ser acrescentada de várias outras representações que até se encontram no imaginário daqueles que na sua maioria não compreendem o verdadeiro significado da orientação.

Poderíamos, então, listar alguns desses significados, como:

- prática política pedagógica;
- prática contextualizada;
- trabalhar o aluno como ser real, concreto e histórico;
- trabalhar conflitos, papéis, fenômenos de grupo que interferem nas relações que se dão na escola;
- realizar um trabalho de interdisciplinaridade com os demais membros da escola;
- atender ao aluno, vendo-o numa relação dialética entre o global e o individual;
- pensar na questão do trabalho como uma atividade que ocorre no interior da escola;
- refletir a questão das aptidões/interesses na escolha vocacional;
- participar do processo de integração escola/família e sociedade, visando a participação de todos nas decisões da escola;
- contribuir para a formação do homem crítico;
- levantar dados da realidade como forma de contribuir para melhor compreensão do contexto e, por conseguinte, do aluno;
- intervir no processo de ensino-aprendizagem com a visão globalizadora da educação;
- assessorar a direção da escola, esclarecendo a linha filosófica coerente com a escola, discutindo valores subjacentes à prática educativa;
- levar os alunos a refletir sobre os problemas do contexto atual, apresentando propostas de soluções para o enfrentamento desses problemas;

- ser um profissional competentemente técnico, mas também competentemente sensível à subjetividade dos alunos e com compromisso político — muito grande — com a educação;
- clarificar aspectos e contradições que são refletidos na escola e que caracterizam a comunidade escolar;
- trabalhar com a comunidade, buscando abrir caminhos para sua participação efetiva na escola;
- colaborar efetivamente no projeto político-pedagógico da escola;

Em síntese, poderíamos dizer que a prática da Orientação Educacional existe para somar esforços, colaborando com a instituição para clarificar suas relações e promovendo meios para os alunos desenvolverem, a contento, suas atividades e objetivos numa visão que inclua os seus aspectos pessoais.

Por que a orientação educacional, nas escolas?

Poderíamos tratar esta questão fazendo uma análise histórica da Orientação, identificando os seus "porquês" ao longo de sua trajetória educacional. Inicialmente voltada para os interesses do aluno, mas ideologicamente comprometida com os interesses do governo, a Orientação teve uma longa e difícil travessia no decorrer de mais de seis décadas de sua existência.

Atualmente esta resposta estaria voltada a uma necessidade de ajudar a escola, nas suas múltiplas atividades, a realizar seu projeto político-pedagógico. Temos de nos preocupar com o aluno, mas o aluno que vive em 2013, nesse Brasil gigante, com tantas riquezas e desigualdades. Temos de nos preocupar também com o mundo onde vive este aluno, onde alguns fatores são mais do que significativos, como a globalização, as novas tecnologias, as mudanças do próprio meio ambiente. Não cabe aqui identificar, conhecer; a Orientação vai mais longe, procurando analisar e compreender esses fatores com os alunos e refletir de que forma o indivíduo deles participa ou deles recebe as influências, conscientemente ou não.

A Orientação deve ajudar o aluno na sua formação, a fim de que ele seja independente e possa participar da sociedade com mais autonomia e consciência crítica daquilo que faz e realiza.

Precisamos para isso rever nossas atividades e nossas práticas de maneira que os rumos dessa formação sejam coerentes com as finalidades que se pretende alcançar.

O mais importante é discutir qual é a filosofia da escola, por que esta existe, quem é sua clientela e quais os valores que persegue. O fio condutor desse novo tempo da Orientação é o currículo, aqui entendido como o conjunto de atividades planejadas pela escola, em todas as áreas, não só dos conteúdos, mas da formação do sujeito. Sou favorável que cada escola tenha o seu currículo, adequado aos contextos e valorizando os dados significativos e particulares a cada escola.

O porquê da Orientação hoje é pensar no espaço da escola como aquele que propicia o surgimento das potencialidades e que oportuniza ao aluno "aprender a aprender", o que ocorre dentro e fora dela.

O porquê da Orientação é que ela deve proporcionar meios para que a escola seja um espaço de vida, em que os alunos se sintam felizes em lá estar.

Diz George Snyders (1993, p. 13), no seu livro *Alunos felizes*:

A escola preenche duas funções: preparar o futuro e assegurar ao aluno as alegrias presentes durante os longuíssimos anos de escolaridade que a nossa civilização conquistou para ele.

A Orientação hoje deve estar atenta a discutir, refletir e analisar os problemas atuais e a "orientar" o aluno a viver o presente, respeitando o passado, e ter acesso a um conhecimento que o prepare para o futuro, não numa visão mágica, mas sim entendendo o real e o "mágico" que preenchem o mundo que vivemos. O futuro, se pode nos surpreender, também pode ser construído pelo que vivemos, aprendemos e desenvolvemos no tempo presente.

Inúmeros pontos, no momento atual, dentro da escola, estão a merecer uma análise mais profunda para implantação ou implementação de novas ideias que atendam a novas necessidades e interesses que estamos vivenciando. A Orientação poderá fazer uma parceria com todos os protagonistas da escola para que seus objetivos sejam efetivados, de acordo com o projeto político pedagógico existente.

Queremos chamar a atenção de que a orientação deve se posicionar numa dimensão de movimento, numa dimensão dialética, permanente. A orientação deve ficar atenta às vozes dos alunos, que deverão ser ouvidos, pois só participando da escola e com a escola é que poderão exercitar o que é participar *na* e *com* a sociedade.

Transfere-se, pois, o eixo do trabalho de uma orientação distanciada da escola para uma orientação comprometida com a pedagogia desta. A prática, hoje, é muito mais interdisciplinar do que individual.

Devemos trabalhar com as desconfianças, com as incertezas, com as dúvidas diante das verdades instituídas; mais do que nunca a Orientação deve atuar junto com alunos e professores pelas vias da reflexão, do exercício do pensar. A interdisciplinaridade torna-se possível quando o outro é possuidor de seu próprio olhar e a perspectiva de sua lente constrói a realidade sob outros ângulos que não são os nossos. Isso não significa incorrer em relativismo do conhecimento, mas sim superar esforços de dogmatização.

O trabalho interdisciplinar da Orientação não se constitui numa colcha de retalhos, onde cada especialista vai colocando o seu pedaço, outro costurando, até que a colcha fique pronta. A imagem mais próxima desse procedimento metodológico é a do caleidoscópio, em que os pequenos pedaços diferentes de si mesmo compõem uma figura mosaica extremamente instável. Basta um pequeno movimento e novos arranjos se configuram, criando novas imagens. É mais como um jogo no qual as informações de cada especialista se combinam, mantendo-se a diversidade, a descontinuidade e os espaços vazios. O que pretendemos é resguardar a possibilidade de maior exploração das potencialidades dos alunos, da identificação e compreensão de sua realidade, da superação desta, apostando-se sempre na ampliação do conhecimento e das suas relações.

Numa orientação atual, contextualizada, queremos ajudar o aluno a pensar, falar e criar; queremos dar-lhe a possibilidade de se conhecer e de estabelecer ou procurar caminhos que viabilizem sua trajetória futura (pelo menos na aquisição de maior independência e conhecimento dos fatores que interagem numa competitividade).

A Orientação hoje busca interfaces com outras áreas de conhecimento que não os seus específicos.

Vivemos atualmente com uma geração magnetizada pelo discurso imagético, que convive com outras práticas de leitura do mundo. Não podemos desconhecer essa realidade, esses novos modos de pensar e de fazer o conhecimento acontecer.

Acreditamos que a melhor resposta à pergunta proposta seria aquela que mostra uma prática que ajude os alunos, principalmente na sua trajetória de construção de um mundo melhor, mais humano e mais fraterno. E isso ninguém pode fazer sozinho.

Gostaria, entretanto, de chamar a atenção para esse trabalho conjunto da escola, em que a orientação mais voltada para os alunos não desconhece nem desmerece os demais fatores que atuam na totalidade de sua formação.

Dentre as áreas que justificariam a Orientação no contexto atual, poderíamos listar as questões a seguir relacionadas, para as quais a Orientação, através dos seus orientadores, poderia fazer uma parceria com os demais protagonistas da escola, visando à consecução de suas finalidades no momento presente. Entre tantas áreas, podemos destacar:

⇨ a autoestima;
⇨ a escolha da profissão e a tomada de decisão numa dimensão crítica contextualizada;
⇨ os novos avanços científicos e tecnológicos;
⇨ as relações pessoais e interpessoais;
⇨ as questões pertinentes ao mundo da comunicação;
⇨ o mundo imagético e as novas formas de comunicação;
⇨ a construção do conhecimento;
⇨ as formas de leitura do mundo;

AUTONOMIA E ÉTICA NA ESCOLA

⇨ as diferenças e contradições entre os indivíduos e grupos;
⇨ o trabalho e seus valores;
⇨ a ética nos diferentes contextos;
⇨ as ocorrências no mundo atual e a análise da realidade, como os problemas relacionados a drogas, sexo, Aids etc.;
⇨ os valores emergentes numa sociedade em mudança;
⇨ a alegria da escola e a motivação dos alunos para estudar;
⇨ as metodologias de estudo e as práticas relacionadas a aprender a aprender;
⇨ os desafios do mundo presente (guerras, conflitos, miséria, violências etc.);
⇨ os conteúdos que a escola deve transmitir;
⇨ as avaliações: institucional, da aprendizagem;
⇨ as relações pedagógicas;
⇨ o desejo, o real, o possível;
⇨ as questões básicas da escola: o sucesso e o fracasso escolar, a evasão e repetência;
⇨ as relações de poder;
⇨ as múltiplas inteligências;
⇨ a modernidade ou pós-modernidade;
⇨ a questão da qualidade da escola, a qualidade do ensino etc.;
⇨ a questão da cultura: formal e informal; de elite e informal;
⇨ a questão da criatividade; as diversas expressões da arte.

Acreditamos que essa pequena "amostra" já exemplifica a necessidade de termos na escola um profissional que auxilie, que colabore com os demais para discutir, analisar e prover as condições (pelo menos possíveis) de melhor formar o cidadão.

Como fazer Orientação Educacional?

Durante muito tempo aprendemos o "como fazer" Orientação por meio de um instrumental técnico baseado, principalmente, nas técnicas que favoreciam propostas de uma linha psicológica. Nesse sentido, floresceram entre nós um como fazer voltado para as práticas de aconselhamento, de um modo geral. Surgem e têm um "longo reinado" os testes psicológicos, os questionários, os sociogramas, as fichas de observação, as fichas cumulativas, os testes de interesse, de aptidão, os inventários, entre outros.

Na linha do trabalho em grupo, o como fazer a Orientação estava apresentado nas sessões de grupo, em que o orientador discutia um tema (geralmente de escolha dele), seguido de uma técnica de dinâmica de grupo. O trabalho em grupo tinha (ou tem) na escolha do representante de turma — escolha esta acrítica — uma atividade básica.

Outra forma de se trabalhar "integrado" podia ser encontrada nos planejamentos justapostos da Orientação e da Supervisão Escolar que, na realidade, tinham pontos comuns quando se tratava da escola, mas realidades distintas quando se tratava de suas atividades específicas.

O ponto alto dessa atividade integradora entre especialistas e professores ocorria nos Conselhos de Classe que, em alguns momentos, parecia um teatro dos absurdos (somando-se letras/conceitos para mais ou para menos), em que no imaginário dos professores, de um modo geral, aparecia o Orientador para contar dados sobre a "vida dos alunos".

O "como" a Orientação ocorria dependia quase de um "receituário" em que só mudavam as doses, pois o modo de fazer era sempre o mesmo. O contexto, a história da instituição, as avaliações não eram mencionadas explicitamente.

Em um momento da nossa história, parece que os grêmios, as associações, os grupos (para determinados objetivos), o teatro, as competições, deveriam ser abolidos, ou pelo menos foram esquecidos em nossas escolas.

É muito difícil falar em como se faz a Orientação sem conhecer de perto as características, as peculiaridades, o projeto político-pedagógico da escola. Entretanto, há que se buscar um consenso nessa prática da Orientação que se pretende mais crítica, questionadora e colaboradora num processo de mudança e transformação. Aliás, convém lembrar que o processo é um meio e não um fim. Tem resultado, sim, que é importante que se atinja na escola, que é a posse do conhecimento que o aluno vai buscar na escola.

Como, então, fazer com que a Orientação possa responder aos desafios propostos na pergunta anterior? Queremos enfatizar que os pontos que vamos assinalar, a seguir, integram um rol de atividades que ocorrem sempre na escola, mas que devem merecer hoje uma nova postura da Orientação.

Convém salientar que a prática da Orientação está na área educacional, portanto, pedagógica, e não na área psicológica, enfatizando o lado terapêutico e analista.

Dividiremos esse "como" fazer a Orientação em dois grupos para a nossa apreciação posterior, evidenciando a ação e o compromisso da Orientação como os novos (ou velhos) fazeres na educação.

No primeiro momento, salientamos as questões técnico-pedagógicas da escola, que podem ter no Orientador um profissional crítico e atuante. No segundo momento, propomos três áreas de ação para o Orientador, de modo que caminhe para a travessia de um novo tempo, para uma nova história da educação e da sociedade.

Primeiro momento

Questões relacionadas com a dinâmica da escola. Entre outras questões, teríamos:

- horário da escola (horário integral ou parcial)
- organização das turmas (número de alunos por turma)
- matrícula dos alunos
- planejamento escolar
- currículo
- currículo oculto
- professor
- funcionários (pessoal técnico-administrativo)
- pais
- comunidade
- trabalho
- metodologias
- avaliação
- conselho de classe
- atividades extraclasse

- atividades socioculturais
- projeto político pedagógico da escola

Segundo momento

Levar, em especial, os alunos a:

- **Pensar** ➜ atividades relacionadas à reflexão, à discussão e à análise de conhecimentos e conteúdos que possibilitem fazer pensar;
- **Falar** ➜ atividades relacionadas à expressão dos conhecimentos e sentimentos, ao domínio das formas de se expressar e à análise dos significados e significantes;
- **Criar** ➜ atividades relacionadas à expressão da criatividade, aproximando arte e educação num momento da assimilação de nossa cultura e na possibilidade de se criar novas "formas de cultura".

Ao término dessa reflexão sobre Orientação Educacional, gostaríamos de renovar a ênfase da importância dessa área na escola não como uma imposição legal, mas como um espaço em que poderemos ajudar/colaborar muito com o outro (seja o aluno, a escola, os professores), junto com os próprios Orientadores a estarem mais criticamente formados para o exercício de suas funções e realização de seus papéis.

O trabalho da Orientação é difícil mas não impossível, tenho certeza absoluta. A Orientação contribui para os rumos de uma nova educação que pretende não apenas ser informativa, voltada para o processo ensino/aprendizagem;

uma educação comprometida com os valores, com a ética, com a construção da subjetividade, com a construção da cidadania. A educação na escola não é apenas para ensinar a ler, escrever e contar, mas sim também para formar homens que sejam sujeitos de sua história, de seu tempo, que tenham possibilidade de desenvolver suas potencialidades, gerando e criando novas condições para ler o mundo de diferentes formas.

Ousar; talvez seja a categoria principal de uma nova Orientação Educacional, mais dinâmica e muito mais pedagógica. Partindo do real, o "ousar", por certo, pode contribuir para o caminhar, para um novo tempo. Nessa travessia eu acredito e conto com todos para realizarmos bem — e seguros — esse *novo trajeto*.

4
Ética, valores e educação

A inclusão deste capítulo em nosso livro prende-se ao fato que a Orientação Educacional basicamente trabalha com os valores — e portanto precisamos refletir sobre a questão da ética e a relação desses valores com e na educação.

A análise da educação enquanto uma prática social incorpora aspectos da Ética, da moral e dos valores, tanto na formação de conceitos como nos próprios embasamentos teóricos necessários à compreensão daquela prática.

A dimensão ética do ato educativo decorre de sua própria essência. Por ser uma práxis humana, a educação se inclui na esfera de competência da normatividade ética. Para Sucupira (1980), toda educação envolve múltiplas atividades, que envolvem aprendizagem de comportamentos, de saberes técnicos, a organização de hábitos, a formação intelectual, a internalização de normas e os valores sociais.

O conceito de educação, conforme Sucupira (1980), é, inevitavelmente, "[...] teleológico, valorativo e normativo, pressupondo alguma concepção ideal do ser humano".

O aluno, como indivíduo, é um ser dotado de entendimento, vontade, sentimentos e paixões; os aspectos cognitivos e afetivos se inter-relacionam. Está junto tanto o que ele pensa e age como o que almeja e deseja. A utilização do que existe na sociedade vai depender do que está disposto, nesse momento, pelo próprio desenvolvimento científico. A educação está comprometida com a formação do indivíduo em todos os sentidos e, portanto, faz parte de seu funcionamento a inter-relação com todos os segmentos da sociedade, inseridos em determinado momento histórico.

Este estudo aborda as questões da ética, dos valores e da própria educação como questões básicas e necessárias à compreensão da sua prática pedagógica. Há uma complexidade entre todos esses aspectos abordados, destacando-se, em especial, o embasamento necessário de uma filosofia da educação na prática efetivada. Esta prática está diretamente relacionada com a questão da ética, enquanto ela se compromete com a questão dos valores, sendo a pessoa humana o seu valor fonte de onde emana e para onde se dirige toda a finalidade de suas ações.

Um dos pontos básicos da educação — que está entre seu princípio e fim — é a questão da liberdade. A liberdade se define nas ações do indivíduo. Para Paulo Freire (1974) ela se apresenta na *praxis*, na medida em que se funda no saber/fazer. Este saber/fazer envolve os aspectos da escolha, da decisão, do exercício da liberdade de e para o estabelecimento das condições viáveis de inserção do homem no mundo. Da dialética liberdade/necessidade nascem os valores que conduzirão a conduta do ser humano: o encontro das possibilidades e necessidades individuais com as oportunidades e realidades sociais constituem o cerne do desenvolvimento da inserção do homem no seu meio. Nessa nuclearização, onde trabalharemos com o homem real e concreto, a educação delineia suas finalidades, acompanhando o desenvolvimento do aluno para a consecução de seus objetivos. Este estudo pretende refletir sobre ética, valores e educação.

A ética

Na medida em que a educação desenvolve suas atividades voltadas para a formação do educando, ela está comprometida com o valor fonte da educação que é a pessoa humana.

O problema do valor da pessoa humana como ser que age põe-se de tal forma que a ciência se mostra incapaz de resolvê-lo. Este problema que a ciência exige, mas não resolve, é um problema ético. Entendida a ética como doutrina do valor, do bem e da conduta humana que os visa realizar, é preciso estar atento a que ela represente uma forma de atualização ou de experiência de valores. Segundo Reale (1988), a ética pode ser distinta, de acordo com a predominância da subjetividade do homem (domínio da Moral), ou de acordo com a predominância dos valores comunitários (domínio da Moral Social e do Direito). Cada sociedade tem o seu *ethos* próprio que lhe configura um caráter distinto das demais sociedades. Os conceitos de ética e moral, na realidade, se confundem, sendo a ética vista como uma reflexão crítica sobre a moralidade, sobre a dimensão do comportamento humano. Ética vem do grego *ethos* e significa, segundo Vásquez (1987), caráter, modo de ser, forma de viver, adquirida ou conquistada pelo homem. Para Heller (1989, p. 23):

As exigências e normas da ética formam a intimação que a integração específica determinada (e a tradição do desenvolvimento humano) dirige ao indivíduo, a fim de que este submeta sua particularidade ao genérico e converta esta intimação em motivação interior.

Vásquez (1987, p. 13) diz que:

A ética não é a moral e, portanto, não pode ser reduzida a um conjunto de normas e prescrições; sua missão é explicar a moral efetiva... A ética pode servir para fundamentar uma moral sem ser, em si mesma, normativa ou preceptiva.

A ética, enquanto campo da Filosofia, está diretamente relacionada a outras ciências, na medida em que há uma dificuldade em precisar os objetos de estudo de diferentes ciências, tais como a Psicologia e a Sociologia.

Moral é uma palavra que provém do vocábulo latino *mos* ou *mores* e significa costume, costumes adquiridos, hábitos. Heller (1989) chama de moral a ética como motivação interior. A moral vai aparecer através dos valores, normas e conduta de uma sociedade e como ocorre a livre escolha de atitudes do indivíduo perante as questões da sociedade. Para o professor Miguel Reale (1999) "o primado da Moral está inerente à ideia de cultura, entendida como processo intersubjetivo de objetivação dos valores da consciência intencional" (p. 179).

Reale (1999) afirma que a relação indivíduo/comunidade só pode ser colocada no plano ético, no plano da subjetividade moral, enquanto pressuposto transcendental de uma experiência histórico-cultural.

A relação de um eu com outro eu (alteridade) é o fundamento da ética, e Reale (1988, p. 21) diz que:

a pessoa é a medida da individualidade, pois quando um indivíduo se coloca perante outro, respeitando-se reciprocamente, ambos se põem como pessoas, não de maneira abstrata, mas na concretitude da história e da cultura.

Esta questão de trabalhar a relação do eu com o outro eu consiste num dado relevante nas ações que a Orientação desenvolve junto aos alunos. Procurando auxiliar o autoconhecimento e a identificação da alteridade, a Orientação está, também, fundamentando-se na Ética para o desempenho das suas funções.

A dimensão ética da Orientação, enquanto ato educativo, decorre da sua própria essência. Por ser uma práxis humana, por excelência, a educação se inclui na esfera da normatividade ética. O ato de orientar pressupõe um comportamento ético definido, com base numa responsabilidade moral precisa.

Vásquez (1988) diz que a moral é histórica, ela representa um conjunto de normas e regras destinadas a regular as relações dos indivíduos numa certa comunidade social. Mostra-nos o autor que não existe uma ética científica, "mas existe, ou pode existir, um conhecimento da moral que pode ser científico. Aqui, como nas outras ciências, o científico baseia-se no método, na abordagem do objeto e não no próprio objeto" (p. 13).

Para Vásquez (1987) a Moral surge a partir do momento em que o homem conquista a natureza social, percebendo-se membro de uma coletividade. Para o autor, a moral é um fato social, verificando-se somente na sociedade, em correspondência com necessidades sociais e cumprindo uma função social, podendo ser definida como:

um sistema de normas, princípios e valores, segundo o qual são regulamentadas as relações mútuas entre os indivíduos ou entre estes e a comunidade, de tal maneira que estas normas, dotadas de um caráter histórico e social sejam acatadas livres e conscientemente, por uma convicção íntima, e não de uma maneira mecânica, externa ou impessoal (p. 69).

Para Heller (1970) uma das funções da moral é a inibição, o veto. Outra das funções é a transformação, a culturalização das aspirações da particularidade individual. Heller mostra-nos que a vida cotidiana está repleta de escolhas e elas podem ser inteiramente indiferentes do ponto de vista moral, mas também podem estar moralmente motivadas. Afirma que quanto maior é a importância da moralidade, do compromisso pessoal, da individualidade "tanto mais facilmente essa decisão eleva-se acima da cotidianidade" (Heller, 1970, p. 24).

No momento em que ocorre a escolha está presente o conflito. A origem de toda a vivência especificamente ética é sempre o conflito. O critério decisivo do conflito reside para Spranger (1966) na vivência do dever que destaca das tendências que vibram em conflito permanente a direção de valor eleita pelo indivíduo e, por isto, ponto de conflito de todas as outras que se encontram em plano inferior. Essas considerações sobre a escolha nos encaminham para a discussão do problema da liberdade, cujo conceito envolve vários enfoques na sua compreensão. Na medida em que ninguém é solitário, pois convive na comunidade, a liberdade apresenta-se como um desafio que permeia todos os campos das atividades humanas. A educação envolve tanto a realização do ser individual como a realização do ser social, compreendendo esta o significado das "liberdades" que existem na comunidade.

Assim é que temos uma liberdade econômica, liberdade jurídica, liberdade política e uma liberdade ética que diz respeito ao sujeito moral enquanto ele tem autonomia para tomar decisões a respeito de sua conduta e da relação com os outros. Nesse sentido, como diz Reale (1988), a liberdade é um valor, sendo a liberdade individual, dentre outras invariáveis axiológicas, o que se constitui no fundamento da vida ética.

Kant (2008) já dizia que a liberdade consiste na obediência às leis que o próprio sujeito moral impõe, enquanto Sartre (1973, p. 15) afirmava que o "homem é livre, o homem é liberdade, ...porque é responsável por tudo quanto fizer".

A liberdade moral constitui-se na possibilidade da escolha de motivos que solicitam a vontade em sentidos opostos. A liberdade vai nos remeter para a questão da vontade, resultante de uma consciência da obrigação moral em contraponto à questão do desejo, como um ato involuntário. Como não podemos atender todos os desejos, a moral surge como um controle do desejo, não como uma repressão, mas como uma conscientização de suas ações e de seus limites.

Para Kant (2008), o limite à liberdade humana se coloca em "agir aquela máxima que possa ser objeto de si mesma como lei universal". O homem, somente subordinando os instintos a regras e ideais, transcende ao mundo da natureza podendo considerar-se livre. Ele atua, escolhe, aperfeiçoa-se sempre porque tem consciência de si e de sua finitude. Na medida em que o indivíduo age livremente, o ato moral está sujeito tanto a aprovação, elogio, como a censura ou desaprovação; ele envolve, pois, uma sanção. A liberdade tem um compromisso com a moral social. O professor Roque Spencer Maciel de Barros (1971, p. 43) afirma que,

> Metafisicamente, o homem é sempre livre — a liberdade é sua condição e sua essência — moralmente ele o é apenas quando age segundo a regra racional ou quando, ainda de acordo com ela, arrepende-se do ato imoral e se afirma como transcendência, superando a esfera da natureza física.

A cultura humana resultante da superação do homem como natureza e que tem sua raiz na liberdade remete-nos para a questão dos valores. Toda a ação humana é realizada em vista de um determinado fim, sempre estando ligada a uma forma de valor. O indivíduo quando age, quando escolhe, está continuamente aceitando ou contrariando algo que tem valor. Ao observarmos a existência de valores na história, a objetividade desses valores implica um dever, na medida em que, no fundo, obedecemos a nós mesmos, em nosso significado universal de homens. O dever ser dos valores provém da fonte de que eles se originam. Torna-se, pois, evidente a relação entre a cultura e a Ética.

Os problemas éticos caracterizam-se pela sua generalização, e isto os diferencia dos problemas morais, que são os que se nos apresentam nas situações concretas.

Todas essas situações concretas que propiciam ao homem expor a sua maneira de ser, de viver, de comportar-se, podem ser sintetizadas numa conduta social que é um dos componentes da cultura.

A cultura vai ser o "pano de fundo" em que a moral vai emergir, correspondendo a algo constitutivo, então, da sociedade. Para o professor Antonio Paim (1992), a moralidade "revestiu-se de feição perfeitamente distinta entre o

Oriente e o Ocidente" (p. 11). Tomando por base a cultura ocidental, a nossa cultura, no seu desdobramento histórico, o Professor Paim (1992) nos apresenta uma reflexão filosófica ensejada pela moral que nos levaria aos seguintes modelos éticos: "ética grega, ética de salvação, ética social, ética do dever, ética eclética, ética dos fins absolutos e a ética da responsabilidade" (p. 19).

A partir desta análise, Paim (1992) vai apresentando a busca do conceito de ética, desde a ética grega que estava dissociada do conceito de política e identificada com a sabedoria, até a ética da responsabilidade, com Weber (2005) que, de certa forma, vai vincular o surgimento da moral ao aparecimento da vida urbana. Max Weber não se ocupou de estabelecer os pré-requisitos da moral, entretanto chama a atenção para os traços essenciais do conceito, como poder e dominação.

São as seguintes as características dos "modelos éticos" apresentados por Paim (1992, p. 19-20):

I — A ética grega — segundo a qual a virtude não é obrigatória, exigindo pré-requisitos... achando-se associada ao saber.

II — A ética de salvação, elaborada durante a Idade Média [...] dando precedência à vida eterna.

III — A ética social, elaborada nas nações protestantes, na Época Moderna, com o propósito de fixar critérios para incorporação de princípios morais à sociedade [...].

IV — A ética do dever, formulada por Kant, que circunscreve o problema ético ao da fundamentação da moral, preconizando uma solução racional, sem recurso à divindade.

V — A ética eclética, que se propõe conciliar o racionalismo kantiano com a simultânea admissão de inclinações morais nos homens, adotadas pelos neotomistas.

VI — A ética dos fins absolutos, segundo o qual "os fins justificam os meios", que sem abdicar dos pressupostos cientificistas [...] veio a ser encampada pelos marxistas.

VII — A ética de responsabilidade, proposta por Max Weber, que pretende fazer renascer a tradição kantiana, no que diz respeito à eliminação da dependência à religião [...].

Os modelos éticos expostos nos permitem perceber não só a importância da cultura, mas ao tratamento que se dá às questões da moral a partir do posicionamento ético que a dimensiona. A moral corresponde ao conjunto de regras de conduta admitidas em determinadas épocas, podendo, nesse momento, serem consideradas como absolutamente válidas. Durante um grande período de nossa cultura ocidental as regras morais eram entendidas como os preceitos tornados válidos por inspiração religiosa. Isto ocorreu porque o destino histórico que teve no Ocidente a moral foi o da moral judaico-cristã, sendo o Decálogo de Moisés considerado a primeira tentativa de delimitar-se a esfera da vida social. Mais tarde, na época moderna, empreendeu-se um grande esforço para que a moral fosse válida por si mesma, independentemente das religiões.

O código moral cristão não representa um código racional, mas nele está o núcleo básico da moral ocidental que é o ideal de pessoa humana. Kant (2008) vai tentar sistematizar os diversos mandamentos do código, formulando o imperativo categórico de se tratar a pessoa como "fim e nunca como puro meio" (p. 92).

No estudo, na reflexão sobre o ideal da pessoa humana aprofundamo-nos nas ideias que revestem a sua configuração ao longo das diferentes concepções éticas. Questões ligadas à liberdade, ao livre-arbítrio, à responsabilidade, ao desejo, entre outras, são colocadas no bojo do conhecimento da pessoa humana.

No que diz respeito ao nosso estudo, temos de estar atentos a orientar o aluno, a pessoa humana que carrega essas características, esses compromissos éticos, em busca de uma autorrealização que ocorre num processo permanente de interação dessa pessoa com as demais.

Rouanet (1992) afirma que

> o indivíduo só existe em interação, mas essa pressupõe o reconhecimento da dignidade e integridade de cada participante. O homem tem direitos como indivíduo, que não podem ser cancelados pelos direitos da comunidade. Entre esses direitos do homem como indivíduo, e não apenas como membro da comunidade, está o direito à autorrealização, segundo seu próprio estilo e sua própria concepção de felicidade (p. 160).

Nessa autorrealização do indivíduo está em jogo a moral como um conjunto de regras e normas que determina como deve ser o seu comportamento como membro daquela comunidade e a sua liberdade e consciência de aceitar essas normas. Isso significa que um ato só é propriamente moral se passar pelo crivo da aceitação pessoal da norma. À exterioridade da moral contrapõe-se a necessidade de uma aceitação pessoal. A aceitação de um caráter social da moral como predominância nas decisões leva-nos a um dogmatismo e legalismo. Bornheim (1992) analisa a questão do sujeito e da norma, mostrando que, na relação entre estes, num primeiro momento os dois termos se constituem:

> como dois polos antiéticos, e que compete à tessitura das forças sociais convencionar entre ambos alguma forma de equilíbrio;

ou então reconhecer que o equilíbrio se faz difícil e mesmo impossível (p. 247).

Bornheim (1992) diz que as mudanças existem, mas sempre elas estão indo em busca a uma consolidação; as normas, os valores morais têm uma duração muito maior que o próprio homem. O autor enuncia que o sujeito, no fim da Idade Média e nos primeiros tempos da Modernidade, passa a desenvolver a autonomia — que ainda nos caracteriza — em contraponto a todo o teocentrismo da cultura anterior.

Para Paim (1992) a moral social muda através dos tempos, e nos diferentes momentos da História temos alterações na relevância atribuída a determinadas questões. O autor afirma que nos nossos dias o homem das nações em desenvolvimento coloca como valor mais alto "a conquista do bem-estar material, enquanto o das nações desenvolvidas destaca a qualidade de vida" (p. 77).

Esta mudança que ocorre à medida que o homem produz aqueles momentos históricos apresenta-nos cada vez mais uma complexidade entre os seus valores pessoais, sua autonomia e as normas que a sociedade impõe. Bornheim (1992) fala de um mapeamento do projeto burguês que marca esse indivíduo moderno, no que ele afirma ser esse projeto "uma aventura em tudo inédita do individualismo, através da qual um homem novo é arrancado de suas raízes multimilenárias" (p. 248).

Entre as características desse projeto, Bornheim (1992) destaca: a autonomia, o trabalho, a propriedade privada, o capitalismo, o conhecimento e a liberdade. Acredita que o homem hoje sabe situar-se dentro da totalidade da evolução histórica e consegue ver-se não apenas participando de determinada cultura ou determinado político, mas "ele se sabe agora pertencente à história da humanidade, do próprio envolver cósmico" (p. 260).

O que observamos atualmente é que os indivíduos vão se rebelando contra as regras estabelecidas e provocando reações ao meio através de mudanças. Para Paim, "as alterações na Época Moderna nos aspectos importantes da moral social ocorrem por consenso" (1992, p. 77).

Esta questão do consenso precisa ser trabalhada no nível do indivíduo para que ele descubra sua participação, como indivíduo consciente, histórico, no processo de transformação da sociedade.

Em síntese, ao refletirmos sobre a Ética, sobre a Moral, buscamos compreender melhor a fundamentação da conduta do indivíduo, procurando os subsídios necessários à formação e de sua cidadania. No momento, em que há uma amplitude do espaço desse indivíduo em termos de ação e decisão, discutir sobre aquelas questões torna-se tarefa indispensável no processo educacional. Arendt (1991) diz que "os homens vivem agora num todo global e contínuo" e que "cada homem é tanto habitante da Terra como habitante do seu país" (p. 262). Esta nova dimensão de perceber o "universo" do indivíduo leva-nos a meditar sobre a importância da educação para, cada vez mais, dotá-lo das condições básicas para que ele, ao fazer parte dessa totalidade, possa de fato se sentir consciente nesse todo. Por certo, ele necessitará de um referencial ético e de uma conduta moral para con-viver com o seu tempo histórico.

A maneira de ver este mundo, de nele pertencer, vai exigir também uma nova "leitura" de suas ações nesse contexto. Como diz Calvino (1990):

preciso considerar o mundo sob outra ótica, outra lógica, outros meios de conhecimento e controle. As imagens de leveza que busco não devem, em contato com realidade presente e futura, dissolver-se como sonhos (p. 19).

Cabe lembrar, também nesse tópico da reflexão do problema ético — sobretudo em termos de Ética Social, que é a dos direitos e deveres do homem em relação à comunidade —, a questão dos Códigos de Ética que representam a normatização de determinadas áreas, em termos de desempenho individual, configurando-se numa conduta específica, a partir de valores eleitos por um segmento da comunidade.

Ciência

A ciência também se constitui numa área de estreita relação com a Orientação, assim como as demais áreas, principalmente se considerarmos que a Orientação, no seu processo de ajuda ao indivíduo, tem o compromisso de promover condições para que se instale e se desenvolva o pensamento desse indivíduo — o conhecimento científico é básico para o nosso trabalho.

A forma de pensamento mais dinâmico que existe é a ciência. No plano epistemológico, a ciência surge como um saber geral e sistematizado da realidade, com um determinado objetivo formal, e deve satisfazer algumas condições que a caracterizam, através de um método próprio. As ciências exercem um peso significativo e uma importância própria na cultura e nas sociedades contemporâneas. A cultura e a civilização do mundo moderno encontram, efetivamente, no desenvolvimento das ciências e da técnica nelas fundadas uma das mais importantes e fundamentais características que as distinguem das culturas e civilizações dos séculos passados.

Os progressos da técnica, viabilizados pelo desenvolvimento da ciência moderna, podem instigar toda a gama dos valores humanos que o homem carrega, tendo uma repercussão muito maior em termos sociais, a partir dos seus efeitos morais e sociais.

O método científico, na concepção que se entende hoje, surgiu na Idade Moderna, e o que se identifica de mais significativo é a nova concepção de saber que ele apresenta. Os novos tempos são marcados pelo racionalismo, que se caracteriza por uma valorização da razão, pelo saber cada vez mais dinâmico e específico para o domínio da totalidade de outros saberes e pelo conhecimento que ocorre a partir do surgimento de novas ciências. Ferrater Mora (1982) define Ciência como "[...] um modo de conhecimento que procura formular, mediante linguagens rigorosas e apropriadas [...] leis por meio das quais se regem os fenômenos" (p. 33)

Em termos atuais, no que se refere à ciência, observa-se, como diz Japiassu (1975), um cientificismo muito poderoso e autoritário, uma vez que, subvertidas por interesses políticos e econômicos, a ciência e a técnica deixam de cumprir seu papel verdadeiro. O conhecimento científico estaria, então, sendo objeto de reflexão no que tange à contribuição que ele permite à humanidade e à forma como esta mesma humanidade se conduz frente aos novos conhecimentos. Entre as características do conhecimento científico podemos identificar:

⇨ o seu caráter factual (parte dos fatos, dos dados, e sempre retorna a eles);

⇨ o seu caráter de transcendência dos fatos (coloca-os de lado e produz fatos novos para explicá-los);
⇨ a sua abordagem analítica (de decomposição dos elementos que compõem o fato);
⇨ a sua dimensão especializada; o seu domínio claro e preciso; o seu aspecto da comunicação (a linguagem científica comunica informações para as pessoas);
⇨ o método empregado;
⇨ a sistematização utilizada (uma ciência não é um agregado de informações desconexas, mas um sistema de ideias ligadas logicamente entre si);
⇨ a possibilidade de generalização; a normatização legal (busca leis na natureza e na cultura, aplicando-as depois);
⇨ a forma explicativa (tenta explicar os fatos em termos e leis e as leis em termos de princípios);
⇨ o seu caráter preditivo (ela prevê acontecimentos futuros).

Caminhamos hoje, na história do próprio pensamento científico, a identificar uma ruptura entre o conceito moderno de racionalidade e o surgimento de um aspecto dialético do pensamento. A concepção clássica de ciência implicava uma dimensão cumulativa, em que novos resultados são complementados aos anteriores; a concepção dialética do desenvolvimento do conhecimento científico, tal como proposta por Hegel e aceita por Marx e vários outros pensadores, a partir do século XIX, fez a ciência tornar-se muito mais "transformadora" do que cumulativa.

A nova dimensão da Física, no século XX, por exemplo, tanto no aspecto da relatividade como no de cunho teórico-quântico, se apresenta muito mais transformadora nas suas implicações e afirmações do que cumulativas nos seus resultados. À medida que a ciência foi fazendo esse caminho, à medida que tornou possível fazer previsões e transformar o mundo, ela foi desprezando outras abordagens da realidade, como o mito, a religião, o bom senso, a vida afetiva e a filosofia. Por outro lado, há um mito sobre a neutralidade científica, como diz Japiassu (1975), que nos faz refletir sobre a questão da ciência enquanto um saber neutro e o papel do cientista na discussão do uso político de suas descobertas. Nesse tópico sobre ciência, nesse capítulo, não constitui objetivo primeiro um aprofundamento dessa temática no que diz respeito ao seu conteúdo e às diferentes posturas que assume, principalmente com as novas orientações do conceito de ciência, dos critérios de certeza, da relação entre ciência e realidade, assim como da validade dos modelos científicos. Por certo, este caminho nos levaria à análise dos postulados de Popper (2000), da contraposição assumida por Thomas Kuhn (2010) e das propostas conciliadoras apresentadas por Lakatos e Feyerabend (2007). O que se pretende com a análise sobre dados relevantes nesse estudo, entretanto, é tentar mostrar a importância dessa área no desenvolvimento das atividades da Orientação, em especial junto ao aluno. E por quê? Alguns motivos podem ser enumerados.

Primeiro, para mostrar o papel da ciência, da necessidade do método científico, da concepção do mundo, das características da ciência e dos avanços da tecnologia advindos dessa ciência. Nesse sentido, convém refletir sobre o desenvolvimento tecnológico, possibilitado pela ciência e abstraído de um sentido de humanização; até que ponto a técnica está a serviço do homem, ou o homem é que dela se torna escravo. Pretende a Orientação, junto ao aluno, trazer os questionamentos que o desenvolvimento tecnológico impõe ao homem e, por outro lado, discutir a necessidade de se ter a ciência como aliada no tange às questões do progresso e do desenvolvimento da humanidade.

Segundo, para evidenciar o papel das ciências humanas, do seu objeto e das dificuldades que ela encontra em se constituir uma ciência. Entre esses obstáculos, encontramos a questão da subjetividade e da própria liberdade humana. Este quadro advém na medida em que o homem é o sujeito e o objeto dessa ciência. O homem vai buscar entender-se a partir do referencial histórico-cultural que o produziu. E nessa área das ciências humanas assume um papel significativo, além da história já detectada, a questão da linguagem, que constitui, para Japiassu (1982), uma contraciência que integra os diversos componentes pseudocientíficos das ciências humanas. Essa linguagem que vai me permitir a comunicação e permitir ao aluno que oriento, "traduzir" as leituras que ele faz do mundo, expressando-se a partir dos conceitos que ele tem da realidade, representa um papel de suma importância — além do seu papel específico — no contexto da Orientação Educacional. Nesse momento, possibilita-me a linguagem caminhar na busca de melhor exatidão da conduta do aluno. Retorno a Calvino (1992), quando define exatidão como "uma linguagem que seja a mais precisa possível como léxico e em sua capacidade de traduzir as nuanças do pensamento e da imaginação" (p. 72).

Há que se voltar, ou melhor, estar ao lado da ciência para a compreensão dos fenômenos da natureza, para obter maiores informações e agir, enquanto educador que transita na área das ciências humanas o referencial necessário para a qualificação e desenvolvimento do aluno.

Educação

No mundo de hoje, talvez a educação seja o problema mais significativo que temos, na medida em que ela está comprometida com todas as outras áreas e segmentos que compõem o tecido social. Dela faz parte a realidade, onde o indivíduo se educa e o próprio indivíduo no seu processo de educar-se. Inúmeras são as definições e conceituações sobre educação que estão diretamente relacionadas à filosofia que delineia os seus objetivos. A educação é, geralmente, considerada um empreendimento moral. Sucupira afirma que:

> O conceito de educação é inevitavelmente teleológico, valorativo e normativo, pressupondo alguma concepção ideal do ser humano... Toda a educação se move na tensão polar das categorias: natureza e liberdade, facticidade e sentido, ser e dever ser (1980, p. 29).

O significado, principalmente, do ser de do dever ser, precisam ser clarificados e precisos na Orientação Educacional; há necessidade de entendermos o conceito de educação, a filosofia da educação que sustenta o processo, porque é a partir dela que se instaura a Orientação, na finalidade de auxiliar os objetivos educacionais. Se para Aristóteles a educação teria a função de promover a aquisição da virtude (*areté*) ou do bem moral, podemos encontrar em

Durkheim (1998) a conceituação de que a educação é uma ação exercida pelas gerações adultas sobre as gerações que ainda não estão preparadas para a vida social. A diversidade de conceituações permite-nos observar o encaminhamento da questão educacional ao longo de um processo histórico, assim como a relação da Educação com a sociedade, em termos de expectativas, interesses e valores, a partir de suas dimensões políticas, econômicas, sociais e éticas.

A educação envolve os valores que emergem da sociedade e os que decorrem da proposta do educador; esses valores não são vistos como alguma coisa que se quer ou não, mas como um dever ser, no sentido de uma dimensão maior que se caracterize como legítima e pertinente. O elemento ético permeia todo o processo educativo, sendo que a situação identificada por alguns como crise na educação, na verdade pode ser identificada como uma crise de valores na sociedade.

Nessa crise estão colocados os problemas da própria sociedade e da cultura onde se instala a educação. É por meio da educação que o indivíduo será levado a compartilhar da totalidade dos acontecimentos que existem na sociedade. No caso da nossa educação, temos de nos deter no conhecimento da sociedade brasileira, dos fatores socioculturais que interferem no processo educativo. Não podemos falar em educação sem falar da política da e na educação advindas da sociedade; sem falar na filosofia da educação brasileira, cujas raízes, como diz Capalbo (1980), estão no humanismo de inspiração pragmática e utilitária.

Uma educação emancipada realiza-se no enfrentamento prático da questão dos valores e da questão da coordenação dos planos para a ação coletiva, da formação da vontade política.

AUTONOMIA E ÉTICA NA ESCOLA

A temática educação, exposta neste item, tem por objetivo ressaltar (o que diríamos, o óbvio) a interdependência dessa área com a Orientação. Como não se trata, aqui, de uma análise mais profunda da educação, gostaria de salientar, entretanto, alguns tópicos de reflexão que, no seu desdobramento, poderão receber a parceria da Orientação na melhor obtenção de seus objetivos, para compreendê-la e efetivá-la.

O primeiro tópico trata da educação analisada à luz de determinados princípios que a concebem como um "sistema" na realidade brasileira. Toda a situação da efetividade da educação estaria aqui colocada com a verticalidade e horizontalidade dos seus segmentos de ensino e a relação destes com a sociedade.

A segunda análise se refere à educação trabalhada num determinado contexto e envolve os valores que emergem desse contexto, os princípios éticos que regem a conduta dita como "desejada e satisfatória" por essa sociedade. Aqui acredito que reside uma grande contribuição da Orientação na reflexão, junto aos alunos, dos valores que perpassam essa sociedade.

O terceiro ponto enfatiza a educação do ponto de vista da moral:

- O que significa uma "educação moral"?
- Qual é o papel da escola na definição de suas regras, de seus códigos de conduta?
- Como se ajuda a formar uma consciência crítica?
- A quem cabe a responsabilidade da moral? À família, à escola, aos meios de comunicação?

A questão da autonomia e da liberdade do sujeito moral está muito presente nessa situação, portanto, a presença da Orientação é muito significativa quando se discute autonomia e liberdade do sujeito moral.

Como quarta reflexão, temos a educação como um objeto amplo de debate social, graças ao qual se constroem crenças e aspirações que vão interferir na formação dos educadores. Hoje, o discurso pedagógico reveste-se de total coerência e profundidade; a prática, porém, apresenta-se distanciada desses princípios, tornando-a ou improdutiva, ou aquém do desejado.

O quinto tópico salienta que a educação tem dificuldades em estabelecer seus valores em virtude da crise de valores existente em todas as instituições sociais. Na medida em que, na nossa sociedade, valoriza-se o imediatismo, o "levar vantagem", o papel da educação é de suma importância na discussão desses valores. Esse tópico remete-nos para o aprofundamento da questão da moralidade pública na sociedade brasileira (se temos um modelo de moral social do tipo consensual, como diz Vélez-Rodriguez (1990), e suas implicações com a educação).

O sexto ponto reflete sobre a educação e suas relações com o desenvolvimento das outras ciências, em termos da atualização e revisão de seus próprios objetivos.

Para o sétimo ponto de reflexão, temos a educação e os meios de comunicação, no que diz respeito à (des)(in)formação que estes produzem, assim como da utilização desses recursos para melhor produtividade dos alunos.

O oitavo tópico analisa a educação e a questão do imaginário social. Isso nos faz pensar sobre a realidade onde ocorre a educação, onde a razão e a emoção estão presentes, "imbricadas, e não há como dicotomizá-las", diz Teves (1992). Nesse tópico a reflexão passa pela questão das representações reais e imaginárias do aluno, a questão das vontades, dos desejos etc. que vão se direcionar para o estabelecimento da autoestima do indivíduo, nossa área conhecida em Orientação. Capalbo (1992) diz que a educação atual faz pouco apelo à consciência imaginante, sendo que ela prioriza mais a memorização dos conteúdos. Afirma a autora: "com isto deixa de fazer apelo para a consciência *imaginante* que é a espontaneidade, liberdade e criatividade" (p. 216).

A nona reflexão privilegia a educação na formação dos aspectos cognitivos e afetivos. A discussão passa pela construção da parte afetiva do indivíduo, como forma de vivenciar suas próprias emoções, trabalhando seus sentimentos em unidade com os conhecimentos.

E, finalmente, o décimo tópico trata da educação e a (pós-modernidade). Aqui colocada essa reflexão para pensar no seu papel frente à (pós-modernidade), na qual coexistem valores, práticas e comportamentos remanescentes de outras formas de organização, mas que prenunciam uma nova ordem. Esse tópico possibilitaria rever todas as funções de uma gestão educacional que deverá encaminhar suas questões em "tempos modernos". A questão do sucesso escolar, a evasão dos alunos, a marginalidade educacional, a educação informal, educação e trabalho, entre tantos outros tempos, teriam seu espaço para reflexão, não só da situação existente, mas uma viabilização consciente para essa modernidade. Quem sabe pudéssemos chamá-la de Educação: a Utopia da Esperança.

Tentando concluir

As conclusões que foram ocorrendo no desenvolvimento deste estudo, em alguns momentos, já foram até explicitadas ao longo de observações feitas na discussão dos temas apresentados. A importância da educação, enquanto um valor em si mesmo, originou esta análise que realizamos, que, neste momento, não pretende "terminar" o debate sobre os assuntos expostos, mas sim "concluir" com um encontro desses temas na Orientação Educacional. Seria, pois, um encontro da Orientação. Um encontro marcado.

O que pretendemos mostrar é a estreita ligação entre as áreas apresentadas para o trabalho da Orientação Educacional, à medida que esta compartilha com o aluno e o ajuda no seu processo de desenvolvimento, favorecendo-lhe a construção de conhecimentos, a conscientização de seus sentimentos, de forma a torná-lo um cidadão crítico. Nessa observação, estão sendo "mobilizadas" as questões relacionadas ao autoconhecimento, em busca — se possível — de sua autorrealização.

A Ética como nuclearização de toda a gama da sociedade, da educação e da própria ciência servirá para propiciar ao aluno as posições a serem tomadas na sua conduta, no seu processo de escolha, na sua postura social. Com a clarificação dos valores emergentes de uma sociedade, com a reflexão dos princípios éticos que a dimensionam e a estruturam, o aluno poderá ter melhores condições para refletir e discutir os valores da verdade, da liberdade e da responsabilidade.

A ciência, enquanto conjunto organizado de conhecimentos relativos a determinada área — seja ela humana, física ou social —, permite elucidar, junto ao aluno, a questão do que seja a observação, a experiência dos fatos e o próprio método científico. A discussão das tecnologias, no sentido de sua utilização pelo homem, por certo faz parte desse concerto de reflexões que inclui a relação da ciência com a ética. Não apenas a atividade pedagógica possui uma dimensão ética, mas também o fazer científico, o processo de aprendizagem e de ensino do fazer científico.

A educação, por fim, estando comprometida com os atos humanos, levará ao aluno — objeto e objetivo dessas ações — o entendimento do que sejam os conhecimentos, os valores, as crenças, os mitos, os desejos, os interesses e as necessidades. A educação, acompanhando e interferindo na própria história e, por conseguinte, na história que o aluno produz, poderá e deverá promovê-lo a ser um agente mais crítico e consciente — pelo saber e poder — na transformação da sociedade, e, portanto, na sua própria transformação individual. Um ser que pensa, que age, que constrói, que se emociona e que, por certo, há de se juntar aos demais na busca de uma sociedade mais justa, igualitária e humana.

A Orientação não prescinde, pois, dessas áreas para a implementação de sua tarefa. Se é complexa sua prática, há que se ter maiores fundamentos teóricos para que ela se efetive. Isto é um desafio, enquanto a Orientação Educacional se debruça em ajudar o aluno como pessoa humana. Este é um valor, a fonte dos valores para Educação.

E, para concluir... há um retornar ao início das reflexões, um retomar de novas posições e, para tanto... há que se começar a rever a Orientação Educacional na perspectiva dessa educação que desejamos realizar.

5

A Orientação Educacional nas escolas, hoje

A vida tem muitos desafios, mas saber enfrentá-los é uma tarefa que a Orientação Educacional procura desenvolver.

Antes de identificar — mais uma vez — a necessidade e, portanto, a importância da Orientação nas escolas, gostaria de fazer uma rápida análise do momento atual que vivemos não só como justificativa do processo de orientação, mas como a identificação de uma possível *alavanca* na escola para a construção de uma melhor qualidade para a educação com a colaboração da própria Orientação. Dois pontos constituem dados básicos para que se possa compreender a afirmativa anterior. O primeiro ponto diz respeito à *necessidade* da Orientação Educacional no contexto atual, na medida em que ela pode ajudar — e muito — a pensar, refletir, analisar esse contexto, partindo do cotidiano local, caminhando para a análise do cotidiano global.

Como num jogo, pretendo mostrar a construção e a desconstrução — possível e desejada — do que estamos vivendo e como estamos vivendo. Será uma leitura desse momento numa perspectiva da história que o envolve com toda a sua abrangência, e não apenas uma identificação e uma análise *dos produtos finais*, dos fatos que estão ocorrendo. A necessidade da Orientação nas escolas é que ela vai permitir avançar — junto com os professores — num *conteúdo* que possibilite ir além dos conhecimentos programados no currículo da escola, atingindo um currículo que esteja comprometido com a construção do sujeito/aluno na formação de sua cidadania. Poderiam dizer-me que o professor de História, Geografia, Português, Matemática etc. também estão preocupados com essa temática, mas a necessidade da Orientação é que ela tenderá a colaborar com esses professores não apenas pela relação fato e conhecimento, mas sim sujeito-fato-conhecimento-sujeito: enquanto os professores têm uma preocupação maior com os conhecimentos, com a transmissão dos saberes, o orientador ajudaria, em especial, o aluno que apreende os conhecimentos e saberes. A busca não se dá apenas na informação, mas como se forma esse sujeito. Poderíamos, então, perguntar, a partir desse olhar que queremos identificar: Quem é o sujeito/aluno hoje? Como ele se forma? O que é preciso para se educar para o futuro, nesse novo século em que vivemos? As novas tecnologias vão nos pedir que sujeito para este novo tempo? E como se forma o sujeito para, também, ser *artífice* dessa nova tecnologia? As perguntas poderiam ser infinitas, mas apenas deslancham para o que eu demonstro como necessidade da Orientação nas escolas. Não é ensinar os alunos com uma nova metodologia, um novo saber, mas ajudá-los a analisar, pensar, refletir para agir e progredir com um novo saber.

O segundo ponto refere-se à *importância* da Orientação numa dimensão diferenciada de sua abordagem de origem, isto é, a Orientação não tem mais uma preocupação prioritária com *alunos problemas*, mas tenta ajudar os *problemas dos alunos* e de toda a comunidade escolar, numa perspectiva de melhor compreensão do sujeito e de suas relações dentro e fora da escola. Aqui estou enfatizando que, além de necessária, a Orientação de hoje é de suma importância para o cotidiano escolar. Em outras palavras, o convite que lhes faço é para *perceber* essa importância à luz do que está ocorrendo na nossa sociedade e como a Orientação pode/ deve ser uma mediadora/articuladora imprescindível. Portanto, não lhes vou falar de uma Orientação Educacional que teve início nas escolas, no Brasil, em 1934. O país naquela época tinha outra concepção política e social, e a escola quase tentava reproduzir o sistema da própria sociedade. Para você entender a Orientação que foi legalizada a partir de 1942, precisa compreender o período político que vivíamos — o Estado Novo — e qual o papel da educação para aquele momento. A Orientação estaria colaborando com a formação dos alunos, *disciplinadamente* escolarizados, para uma educação de nível desejado pelas autoridades vigentes. Hoje a importância da Orientação se dá pelo viés de termos na escola um profissional de educação, um especialista que seja capaz de ajudar o aluno na sua formação o melhor possível, o que não se esgota apenas no racional, mas que engloba o sensível e o emocional. Como e quando as vozes dos alunos são ouvidas? Como podemos avançar no retrato desse cotidiano e promover com o aluno convivência dos valores? Mais perguntas, mais reflexões.

Refletindo sobre o momento atual

Vivemos um novo século com um quadro bastante diversificado e complexo, seja no campo econômico, político, cultural, ou social, traduzido em problemas de extrema inquietação, de surpresa, de avanços, e refletindo, principalmente, as questões relativas no campo social, educacional e da saúde.

Temos, diariamente, observado que esses problemas estão em todas as instituições, ressaltando que estas vivem uma nova ordem nos seus objetivos e estrutura. Se quiséssemos aprofundar essa matéria, poderíamos destacar fatos e dados que, se não nos assustam mais, pelo menos nos levariam a uma grande pergunta: Como educar nesse contexto? Nesse cenário, assinalaríamos como decorrência aqueles relacionados à violência, à corrupção, à falta de ética, à falta de recursos, além da falta de ou novos significados aos valores. O que nos instiga, de modo geral, é que estamos atravessando um período em que mudanças significativas ocorrem em todos os setores da nossa sociedade, impulsionadas pelo avanço científico e tecnológico, e o sujeito que está vivendo esse espaço, esse tempo — parece-me —, tem de se *formar* por sua *conta e risco* no cotidiano, na sua realidade (como se a vida fosse sua única escola...).
Observo que, de um lado, tenho uma *máquina* que funciona, que é capaz de fazer e produzir maravilhas sem que o homem nem precise sair do seu lugar, de sua casa, e de outro lado tenho um sujeito que fica muito mais a mercê dessa máquina, como usuário, do que como responsável *por pensar* essa máquina de outra forma.

As características aludidas anteriormente acrescidas do fato, entre outros, de grandes empresas, concentradoras da renda e de postos de emprego, subordinarem o Estado aos seus interesses são identificadas pelos estudiosos como as faces do neoliberalismo, no qual as questões sociais têm um peso diferenciado nas suas propostas e ações.

Por outro lado, vivemos o período da globalização da economia-mundo, como nos fala Octavio Ianni (1996), afirmando que ela nos traz transformações muito significativas. Da mesma forma que eu as constato, as identifico, não posso ficar imune a elas como mero receptor ou consumidor: sou sujeito da minha história, mas ajudo a construir coletivamente a história de meu povo. Ianni já nos falava que a globalização que desvendaria o mundo, ao final do século passado, faria com que "realidades e significados que pareceriam irrelevantes, secundários, escondidos ou esquecidos, reapareceriam sob nova luz" (p. 44). O autor nos fala que a globalização do capitalismo desenvolve simultaneamente à sociedade global uma espécie de sociedade civil global em que se constituem as formas de cidadania e estruturas de poder de alcance global. Ianni continua analisando a globalização e como ela afeta os parâmetros históricos e geográficos, ou as categorias espaço-tempo que se haviam firmado com base nos Estados-nação. Ela também reabre a discussão entre continuidade ou não continuidade, entre modernidade e pós-modernidade, entre o micro e o macro, entre o grande relato e o pequeno relato, entre o individualismo metodológico e o holismo metodológico; esses e outros dilemas, diz Ianni, têm a ver com a ruptura epistemológica causada pela globalização que vai trazer mudanças nos quadros sociais e mentais que até então serviam de referências para os indivíduos. Ora, se tudo isto gera e gira um novo tempo, um novo espaço com repercussões na sociedade, portanto na escola, na família, como professora/educadora eu tenho de procurar entender esse mosaico e verificar como o sujeito está construindo sua subjetividade a partir desse contexto. O que espero é mais do que identificar o quadro; pretendo ajudar o aluno, a escola, a *pensar, refletir* sobre esse espaço/tempo sabendo como e de que maneira nele interferir além dos conhecimentos que ele deve perseguir.

Nesse quadro que temos diante de nossos olhos, onde ouvimos/vemos com frequência falar de crise, de relações comprometidas com a falta de solidariedade com o outro, de inovações que mais visam ao lucro do que ao homem, é que está centrada a educação que se comunica e interage com os demais segmentos da sociedade. Ela não é neutra, nem é histórica: ela tem um compromisso com a escola, com a sociedade em geral — em termos das políticas públicas vigentes — e com o projeto político-pedagógico, em termos da formação do sujeito, tanto do ponto de vista racional quanto emocional. Eu perguntaria: a educação que temos no momento está ajudando, em especial, a criança, o jovem na sua formação nos aspectos que mencionei? Nessa análise, nessa pergunta, não estou me referindo apenas a *ensinar meu aluno* e de preferência uma escola que aprove bem os seus alunos no vestibular, mas sim em formar o aluno como um ser humano, que é uma dimensão muito mais abrangente do que só o conhecimento a ser transmitido. Em outras palavras, então: O que pretendemos com a educação? Qual a relação dela com o sujeito enquanto aluno, mas também, como cidadão? Qual o compromisso dessa educação com um novo tempo para um país sempre democrático, mais humano e mais democrático? Concordo com Maturana (1998) quando diz que o humano se constitui no entrelaçamento do emocional com o racional, quando nos fala da importância da linguagem para que haja reflexão, quando nos fala da importância do cotidiano das crianças:

> [...] não desvalorizemos nossas crianças em função daquilo que não sabem; valorizemos seu saber. Guiemos nossas crianças na direção de um fazer (saber) que tenha relação com o seu mundo cotidiano... (p. 35)

Esta é a visão, dimensão que quero propor à educação: partir do cotidiano, chegar a um contexto maior e voltar ao cotidiano com mais reflexão e conhecimento, não só no fazer/saber, mas no ter/ser um sujeito crítico, consciente e criativo.

Além dos fatos já assinalados, estamos diante de mais conhecimentos e, ao contrário do que se pensou e acreditou na modernidade, eles não vão se construindo superpostamente, ou em *árvores*, onde uns são necessários aos outros, formando uma hierarquia entre si. Alguns autores têm se utilizado de metáforas para buscar entender o processo de criação do conhecimento, como Deleuze e Guattari, que trabalham com o conceito de transversalidade e a ideia de *rizoma*; Certeau e Latour falam em *redes de conhecimento*; Boaventura de Sousa Santos trabalha com a noção de *rede de subjetividades* a partir do que ele explica ser redes de contextos cotidianos, entre outros. Em face do momento histórico, político, social em que vivemos, esses indivíduos, pessoas, ou, como prefiro denominar, *sujeitos sociais*, que têm no âmago da sua existência e essência a complexidade inerente ao ser humano, precisam muito mais do que apenas aprender o que está nos programas das escolas. Como se dá esse conhecimento em redes? Alves (2002) fala que uma necessidade se impõe aos que desejam entender e oferecer alternativas à escola hoje:

[...] abrir espaço e tempo à compreensão das relações entre conhecimento real e o currículo concreto e as novas tecnologias e novos conhecimentos existentes na sociedade — a informação sobre tudo isto que circula, como circula e a favor de quem circula (p. 120).

Morin apresenta dois princípios fundamentais em sua análise sobre a educação: o de exclusão e o da inclusão, isto é, ao mesmo tempo em que o aluno é chamado a *pertencer* a um grupo, uma comunidade, um estado, uma nação, ele pode abster-se desse pertencimento, fazendo-se agir de acordo com os seus interesses pessoais e individuais. Para que haja *inclusão* é necessária a *intercomunicação* entre os seres humanos. O indivíduo vive num universo onde existe o acaso, a incerteza, o perigo e a morte e, dessa forma, o sujeito tem invariavelmente um caráter existencial. O que o sujeito tem de diferente das outras espécies animais é o caráter de um sujeito cerebral e de um sujeito que possui a *afetividade* que está ligada à emoção, ao sentimento, mas que por outro lado lhe confere um aspecto contingente e arbitrário. Dois dados são significativos nessa reflexão: a questão da linguagem, que mais uma vez se apresenta e está associada à cultura, e a questão da liberdade, que é sempre limitada em termos do que já existe *pronto* no espaço-tempo em que vivemos. Esses são momentos que se cruzam, entrecruzam, e que vão tecendo a construção da subjetividade do próprio indivíduo.

Antes de situarmos a educação, mais especificamente, gostaria de localizá-la no contexto atual, dentro de nosso cotidiano, portanto, quando falo de educação, estou me referindo a uma educação pertencente a determinada sociedade histórica e socialmente situada com a sua organização, característica e com a cultura de seu povo. Estou, em outras palavras, delineando o espaço e o tempo dessa sociedade para entender os mecanismos e a trajetória que ela descreveu, onde se insere a educação. Ao me referir à questão educacional, tenho de saber primeiro que ela se constitui numa prática social, portanto se vale do que ocorre no seu dia a dia para organizá-la e estruturá-la. A educação, na nossa sociedade, se fundamenta em determinadas teorias que, por sua vez, têm objetivos e valores a serem atingidos por determinadas leis que regem a sua prática e têm um compromisso maior, que é o da formação do cidadão, seja essa formação advinda da instrução, seja principalmente oriunda do exercício dos valores e atitudes vivenciados pelo indivíduo. A educação ocorre de várias formas: assistematicamente, por exemplo, assistindo a um programa de televisão, participando de uma reunião do sindicato, numa situação observada pelo indivíduo em qualquer lugar, até mesmo numa discussão de rua; mas também de forma sistemática e, nesse caso, é a escola o local onde ocorre o processo de aquisição do conhecimento sistematizado. A escola constitui-se numa organização social que possui uma gestão, que tem os seus principais protagonistas — os professores e os alunos —, que tem uma estrutura e um funcionamento de acordo com os seus objetivos e com o currículo que ela pretende desenvolver. A escola, em si, não é apenas o local onde vai acontecer a educação, mas um lugar em que o aluno vai receber esta educação e ajudá-lo na aquisição de suas finalidades. Com isso, não é papel apenas da escola receber professores para ensinar, alunos para aprender e diretor para organizar horários, matrículas e atender pais e responsáveis por alunos, enfim, para gerir a escola. A escola deve ser grande nos seus propósitos, pois grande é a sua responsabilidade com seus alunos (in) formando-os para a leitura crítica e a transformação do mundo vivido. A escola não contém só os conhecimentos, os saberes, a instrução; ela deve estar preocupada com valores, atitudes e conhecimentos que contribuam com a sociedade inclusiva, solidária e participativa que queremos construir.

Nessa escola — seja pública ou particular, com educação infantil ou fundamental, ou ensino médio — deve existir um projeto político-pedagógico organizado por todos os segmentos que atuam na escola e que responda pela história, pelo processo e pelas expectativas do que se espera daqueles alunos ou do que lhes deve ser oferecido para uma formação desejada.

Esse projeto deverá contemplar a questão relacionada aos objetivos, aos conteúdos, à metodologia e ao próprio sistema de avaliação. Nesse projeto implícita ou explicitamente deve ser refletida a questão da formação do sujeito e, portanto, de que forma o projeto prevê a articulação do saber com o fazer e com o SER.

A escola, como vimos, não é o espaço apenas de aprendizado para o mundo pós-industrial, da era da informática/ virtual, pois as disciplinas escolares não conseguem traduzir todo o avanço científico em suas áreas. A escola também é o lugar para vivenciarmos os valores e as atitudes e, portanto, temos de pensar em todos os profissionais que atuam na escola para realizar os objetivos que ela pretende alcançar. A escola hoje tem um papel muito mais complexo do que antes, pois ela tem de educar com as novas formas de educação impostas pela prática social, como a questão da educação (!) proveniente dos meios de comunicação e a questão das representações sociais e do imaginário que estão presentes quando se fala em educar o sujeito.

Dois dados são fundamentais, então, nesse processo:

— a *contextualização*: os dados, os sentimentos e os valores devem partir do contexto em que ocorrem,

possibilitando que aqueles sejam mais próximos da realidade dos alunos e da experiência que possuem sobre alguns dos fatos e situações exemplificados;
— a *interdisciplinaridade*: fala-se da integração dos saberes não no sentido de sua justaposição numa determinada ordem ou disciplina, e sim num entrecruzamento desses saberes através de eixos condutores do conhecimento a ser estudado.

A educação, acredito, tem de estar envolvida com três importantes áreas do conhecimento do mundo atual, que são:
— o *conhecimento social*: neste tópico estão situados os conhecimentos do mundo atual, em que a globalização, a política neoliberal, a revolução tecnológica e a dimensão da pós-modernidade caracterizam um novo tempo e novos espaços para se viver e conviver no dia a dia que temos de enfrentar. Poderíamos dizer que esta é uma *área da realidade*, mas a complexidade se faz presente na medida em que podemos discutir e refletir o que é a realidade, isto é, se é aquilo que vemos ou aquilo que nos disseram que deveríamos ver;
— o *conhecimento pedagógico*: neste grupo estão os conhecimentos que devem ou deverão ser transmitidos pela instituição escola, por meio de seus conteúdos e disciplinas, e que por certo não devem estar presos apenas àqueles conhecimentos que achamos válidos e precisos, mas sim deixando espaço para que novos conhecimentos ocorram pela interdisciplinaridade dos saberes e dos saberes/fazeres. Esta é a *área da educabilidade*, isto é, a área

que tem de considerar a rede de conhecimentos que está disposta no contexto social e as *novas frentes* de conhecimento que se abrem a cada momento;

— o *conhecimento pessoal*: neste grupo está o conhecimento do sujeito enquanto pessoa, numa dimensão contextualizada, isto é, a pessoa na sua estreita relação com o outro. Em outras palavras, o *eu* representa um pouco do *eu*, mas também do *nós*, enquanto um precisa do outro na efetividade de uma realização. Nesse conhecimento não basta eu me conhecer com minhas características, personalidade, interesses e valores, mas sim o que posso e devo fazer para um aprimoramento pessoal e uma contribuição efetiva na participação do *eu* no contexto social. Esta é a *área da subjetividade* que inclui não só as questões pessoais, mas sua exclusão/inclusão num mundo que hoje é marcado pela incerteza, pelo acaso e pela transitoriedade. As pessoas vão em busca de algo para seu projeto de vida, e essa busca se dá pelos caminhos, atalhos pelos quais a vida vai se formando.

A educação terá de considerar nessas áreas, além da especificidade destas, a questão do trabalho (com toda a tessitura do que se entende hoje por trabalho, como competitividade, competências e habilidades) e a questão da utopia (aqui inserido o momento pessoal, de escolha, de decisão, em que o *sonho e a esperança* são dados imprescindíveis). Não há como determinar *um tipo único de educação*, mas há como analisar e refletir que tipo de formação devemos dar — **hoje** — para o homem que atuará hoje e **amanhã** num mundo cravejado de perguntas e incertezas.

Alguns princípios devem ser perseguidos nessa análise:
— *princípio da compreensão*: a educação precisa ser compreendida nas interfaces que mantém com o sistema social. A educação tem uma ordem, uma estrutura, uma organização que envolve tanto a questão da autonomia como a da transformação;
— *princípio da heterogeneidade*: a educação não tem como objetivo a uniformização de ordens, normas e critérios, mas dá uma unidade à heterogeneidade de sujeitos que estão comprometidos com a (in)formação;
— *princípio da cartografia*: a educação se dá em diferentes frentes e com diferentes entradas; há que se fazer uma nova cartografia de uma nova educação;
— *princípio da cidadania*: a educação vai em busca de um cidadão que, ao mesmo tempo que tem de ter consciência crítica do seu papel na sociedade, deve possuir, no sentido da cidadania, o compromisso para participar *com o outro* na transformação de um mundo mais justo e mais humano;
— *princípio da ecologia*: a educação tem de estar comprometida com o homem planetário, isto é, o homem que se faz pleno não só para si mas para o mundo. Aqui tanto há que se pensar na ecologia em termos de *Terra*, mas em ecologia em termos de *humano*.

A qualidade perseguida ao longo da história da humanidade, como já nos apontava Aristóteles, numa dimensão de qualificação de um dado, situação, torna-se hoje um conceito muito amplo e diversificado. Ele envolve os aspectos da transformação do *status quo* e da superação dos entraves que dificultam os objetivos requeridos, assim como a qualidade que adjetiva um dado. Nessa transformação reside a produção do conhecimento que vai incidir nos aspectos relacionados com a competitividade e com o desempenho pessoal do indivíduo.

No contexto atual deparamo-nos, com frequência, com estudos e práticas voltados para a qualidade nas empresas e nas organizações não governamentais, que se propõem a efetivar essa categoria nas suas instituições. Em termos das organizações governamentais, de modo geral, a questão da qualidade não tem sido tratada com a atenção que merece, assim como no caso da educação.

Fala-se muito sobre qualidade na educação, referindo--se ora aos aspectos relacionados ao desempenho do professor, ora às questões ligadas aos aspectos administrativos.

A qualidade na educação em nosso país supõe a identificação das grandes prioridades que temos na realidade social e pedagógica e a tentativa de minimizá-las de acordo com a consecução dos objetivos que vão sendo alcançados.

Precisamos de políticas públicas em educação que atinjam as necessidades que temos e não "políticas" menores que resolvam ou que atendam, apenas, problemas de "fachada" ou de apresentações eleitoreiras. A qualidade na educação, mais do que uma revisão nos dados existentes, comprometendo-se com uma avaliação institucional, impõe--se como uma base para a apresentação de uma proposta pedagógica condizente com o nosso contexto.

A qualidade na educação precisa da conquista de novas parcerias e da modernização e melhoria dos processos de gestão, como forma de enfrentar os novos desafios do futuro.

Cabe lembrar o papel da educação no processo de desenvolvimento de um país e com isto suas funções extrapolam o caráter pedagógico das funções da instituição escolar. Qualidade deve ser vista nos seus vários aspectos de gestão escolar e de produção do conhecimento que se efetiva na escola. A busca da qualidade ocorre com todos nós que queremos uma melhoria nas nossas realizações pessoais e sociais. A educação ajuda nessa busca, uma vez que ela promove a relação do homem com o conhecimento, com o outro homem e com a natureza. Na educação vivenciamos a própria qualidade quando queremos ver o nosso aperfeiçoamento.

Na qualidade está também a questão da democratização, a prática educativa, com a busca de maior autonomia e liberdade para as escolas, como também numa avaliação que permite verificar se os objetivos daquela prática estão sendo alcançados.

O desafio maior do sistema educacional é o de oferecer um ensino de qualidade em que a formação do aluno ocorra em termos da formação do cidadão participativo, crítico e consciente de seu papel na sociedade.

A democratização está ligada a uma qualidade política da educação, entendida como estratégia de formação e emancipação das novas gerações, de sujeitos sociais capazes de definir por si seu destino histórico. A qualidade formal que a educação está a exigir engloba a aquisição e produção de competência tecnológica e sua instrumentalização. Com isto, queremos dizer que não podemos falar em qualidade apenas pelo lado gerencial da "organização escola", como sendo a implantação de técnicas que revertam a situação existente. Temos que nos ater aos valores e objetivos educacionais, à dimensão política da tarefa educacional, sem a qual a qualidade não alcançará as suas finalidades.

A pedagogia da qualidade requer um novo tipo de escola que, em vez de cuidar da reprodução do trabalho, trabalhe de forma confiável na elaboração do presente e na antecipação do futuro. Cabe à nova escola estimular o exercício pleno da cidadania, pela busca concreta e permanente da melhor qualidade de vida, através da reconstrução do homem e sua adaptação aos novos modos de sentir, pensar e agir.

A qualidade na educação vai requerer uma grande parceria de todos os segmentos da sociedade, num trabalho solidário, sistemático e consistente, evidenciado pela responsabilidade da tarefa. Nesse sentido, a qualidade não é, portanto, algo fácil de se alcançar. O envolvimento de pessoas, colocadas dentro dos processos de gestão da escola, da produção e transmissão do conhecimento, torna-se fundamental para superar as dificuldades que temos, viabilizando as mudanças qualitativas necessárias.

A escola, ainda que se assemelhe a outras empresas, destaca-se delas pela sua finalidade principal — a educação. Mello (1970) destaca a educação como ciência da informação; na escola, a comunicação não é somente um meio para alcançar um fim, mas se constitui na própria essência da educação.

A escola tem um papel significativo nessa qualidade pretendida, na medida em que trata desse aspecto da comunicação que ocorre entre seus protagonistas principais. Deve haver um comprometimento de professores, alunos, funcionários, comunidade em geral com a qualidade e disseminação do uso de técnicas qualitativas para transformar currículos, sistemas internos e burocracias em fatores propulsores à conquista da qualidade.

A escola deveria ter como prioridade:

1. Cuidar da formação do sujeito, incluindo, além de conhecimentos formais racionais, as questões que envolvem os sentimentos, os aspectos emocionais.

2. A escola tem de se preocupar com o saber do aluno, mas tem que se preocupar, também, com a forma de adquiri-lo e com o que ele faz com esse saber.
3. O projeto político pedagógico deve estar comprometido com as redes de subjetividades que estão inseridas na formação do sujeito.
4. A escola tem de ser diversificada para atender a uma comunidade que não é igual em todos os sentidos, mas deve prover a igualdade das oportunidades para todos os alunos.
5. Os professores não são instrutores nem informadores; são construtores, educadores que têm compromisso com o aluno e com a sociedade.
6. A escola tem de ter no seu quadro a Orientação Educacional para trabalhar com o aluno, para o aluno, com e para a escola, com e para a sociedade, em geral.

Cumpre chamar a atenção para essas prioridades e para a função social da educação no cenário do país. Precisamos ter, primeiro, uma política educacional que atenda a essas prioridades de maneira que o estabelecimento de metas seja efetivado. Segundo, precisamos rever as condições de remuneração, de trabalho e de formação dos professores.

No primeiro caso, devemos traçar uma política que venha ao encontro das necessidades educacionais, no sentido de continuidade e totalidade, e, no segundo, uma revisão — o que não deixa de ser uma política — no tratamento dispensado aos professores.

A educação no Brasil, mais do que uma situação pedagógica, encerra uma questão política em termos de objetivos, avaliação e estratégias para superação de seus dados caracterizados na expressão do "fracasso escolar".

Poderíamos ampliar essas prioridades, ressaltando os aspectos da relação da educação com o setor produtivo, ou seja, a concretização de novas propostas educacionais que viabilizem a preparação de uma educação para o futuro.

Cabe lembrar que os problemas educacionais no país classificam-se como problemas pedagógicos, resultando para a sua melhoria em retomadas do tipo de reformas educacionais ou novas propostas curriculares. Isso por si só não garante a implantação de uma nova proposta, aqui denominada de qualidade na educação. Precisamos refletir sobre os aspectos sociais e as interfaces da educação com estes.

Após esta análise — que poderíamos caracterizar como a "denúncia" ao sistema vigente — precisamos partir para um "novo anúncio" do que seja, ou do que se pretende, a educação num país em desenvolvimento.

A Orientação Educacional ajuda a educação a:

1. Tratar/comprometer-se com a educação como uma prática social.
2. Elaborar um projeto político pedagógico que reflita as finalidades da escola, as expectativas e interesses dos alunos e que seja formulado por *todos* que participam da vida da escola.
3. Rever a questão do espaço-tempo dos alunos na escola.
4. Contribuir para a construção do sujeito.
5. Elaborar propostas e estratégias de ação que visem à formação do aluno.
6. Organizar meios e condições de promoção da cidadania.
7. Trabalhar no sentido de inclusão na vida da sociedade de todos os seus alunos, diminuindo ou eliminando o fator exclusão.

8. Investir no desenvolvimento das potencialidades dos alunos.
9. Possibilitar que sejam vivenciados na escola os valores que estão presentes na formação do aluno.
10. Colaborar para que o espaço vivido na escola seja para o aluno um lócus de aquisição de conhecimentos e experiência de sentimentos.

Pontos fundamentais para Orientação Educacional trabalhar na escola:
1. Autonomia
2. Participação
3. Responsabilidade
4. Reflexão
5. Solidariedade

A Orientação Educacional, trabalhando prioritariamente esses pontos fundamentais, ajuda a escola e os seus alunos a entendê-la como um espaço que reflete e repercute as ações da sociedade. O certo e o errado para o aluno nem sempre são o certo e errado do professor e da escola, mas antes de tudo tenho de discutir o que é certo e errado. A construção da qualidade deve ser buscada por todos que estão preocupados com a educação e, mais especificamente, por nós professores. A qualidade está nos objetivos, nos conteúdos, nas metodologias, na avaliação, nos professores, nos alunos, na gestão escolar, na política educacional, nas teorias educacionais, nos valores etc. Lembremo-nos de que não são dados numéricos ou quantitativos que ocorrem na escola; são vidas que vêm e que virão. A educação é contínua e permanente. Da educação espera-se que ajudemos a formar novos sujeitos, novas vidas que continuarão indo para a escola, para a universidade, para a igreja, para o sindicato, para o Estado, para o mundo, procurando entender a sua própria vida, mas sendo capaz de, coletivamente, procurar uma vida melhor para todos.

A Orientação Educacional, em face do mundo que vivemos, tem um papel preponderante se ela ajudar em especial o aluno a *perguntar, pesquisar* e *criar* (PPC). Perguntar, isto é, fazer com que o aluno realize muitas perguntas, provocando-o, instigando-o a pensar, como forma permanente de buscar o saber e nele ampliar os seus conhecimentos. Pesquisar, isto é, procurar respostas e alternativas ao trabalho desenvolvido e, nesse sentido do conhecimento, oportunizar melhor conhecimento de suas possibilidades e necessidades. Criar, isto é, oferecer condições para que o aluno possa criar alternativas e estratégias de adquirir conhecimento e melhores meios de conquistar e realizar suas propostas de vida. A Orientação poderá desenvolver um trabalho que estimule o (PPC) *perguntar, pesquisar* e *criar* dos alunos através de projetos que incentivem a formação do sujeito além do conhecimento intelectual/racional, indo até o conhecimento emocional que envolve valores e sentimentos. Lembro-me, nesse momento, de Sócrates, que afirmava que a virtude não pode ser ensinada, e me atrevo a completar: mas ela pode ser vivida e experienciada também na escola, e para isso a Orientação Educacional desempenha um papel imprescindível.

Em resumo, diante das transformações que vivemos e que repercutem em todas as instituições, o papel da Orientação Educacional é muito significativo ao possibilitar ao sujeito compreender e analisar esse mundo e compreender-se na relação com o outro. Outro papel da Orientação é ajudar a escola na interação de suas relações e de seu projeto político-pedagógico, de forma que possamos viver e conviver de forma mais crítica e consciente, buscando alternativas, criando estratégias para uma escola de mais qualidade, uma sociedade mais justa e um mundo que aposte na paz.

Um nova escola, um novo tempo, uma nova Orientação Educacional.

Apresento, a seguir, algumas sugestões de atividades e/ou projetos que poderão ser desenvolvidos com os jovens, para os jovens, nas escolas.

SUGESTÕES DE ATIVIDADES PARA SEREM REALIZADAS PELA ORIENTAÇÃO EDUCACIONAL

1. Encontros com os jovens

    Discussão, análise e reflexão sobre temas/assuntos pertinentes aos jovens, como a relação pais-filhos, relação entre os jovens, violência nas escolas e na sociedade, problema com as drogas, aids, *bullying*, novas tecnologias, mercado de trabalho etc.

2. Discussão e análise de temas a partir da apresentação de filmes

    Palestra sobre temas do contexto atual.

3. Convidar pai e/ou mãe de aluno ou pessoa da comunidade para falar e discutir sobre determinado tema.

4. Apresentação ou exposição de trabalhos realizados pelos alunos fora ou dentro da escola.

5. Atividade cultural

    Encontro para apresentação de atividades que os alunos aprendem ou realizam fora da escola, como canto, dança, poesia, teatro etc.

▶

6. Incentivo à leitura

   Propor a leitura de um livro, um tema e discuti-lo posteriormente com o grupo, levantando os pontos principais e as dúvidas encontradas.

7. Confecção de um livro com os alunos

   Estimular os alunos a escrever contos e artigos e, posteriormente, reuni-los num livro confeccionado por eles.

8. Grafitando na escola

   Escolher uma parede ou um espaço onde os alunos possam desenhar ou grafitar, de acordo com seus interesses e possibilidades.

9. Escolhendo a profissão

   Seminário com a apresentação de profissionais de diferentes áreas para discutir sobre os trabalhos que realizam, os interesses, as dificuldades, as possibilidades etc.

10. Orientação profissional

    Encontros para discussão e análise de questões pertinentes à escolha da profissão. Análise sobre profissão e vocação. As questões que envolvem as aptidões, os interesses e os caminhos que deverão buscar na escolha de uma profissão.

11. Construção de um Glossário com termos e expressões vivenciadas ou usadas pelos jovens, como: autonomia, ciberespaço, complexidade, inteligência artificial, liberdade, sexualidade, violência, potencialidade, "fala sério"; ficar etc.

12. Discussão e análise de temas a partir de letras de músicas, canções ou poesias, textos literários, como, por exemplo, a letra da música "O que é, o que é", de Gonzaguinha, ou "Novo Tempo", de Ivan Lins e Vitor Martins, ou "A Onda", de Lulu Santos.

Dessa forma, a proposta hoje da Orientação Educacional poderia estar centrada no que chamo de *autonomia educacional*, isto é, o centro do trabalho voltado especialmente para o aluno, mas também para a escola e professores é a educação, visando levar o aluno a agir o mais conscientemente possível de acordo com suas reflexões e avaliações do e no contexto atual. Em outras palavras, o que desejamos é que a autonomia seja possível, não porque o Orientador, o professor, os pais disseram para assim fazer, mas porque sua consciência assim determina. É claro que, quanto mais e melhor essa ação envolver pontos e atitudes positivas, melhor serão os resultados. A autonomia *não pretende* dizer para o aluno que ele pode fazer o que quer, na hora que achar necessário... como ele acha que deve ser; a autonomia pretende dar responsabilidade ao aluno tanto no aspecto pessoal quanto no seu pertencimento a um grupo, a um contexto. O aluno tem o direito de fazer o que acha necessário ou importante; mas a *autonomia educacional* pretende levá-lo a pensar, refletir, agir de acordo com o seu comprometimento pessoal e o que isso significa em termos do grupo a que pertence. Esse é o trabalho hoje da Orientação Educacional: o foco está na educação, e o *trabalho* envolve o como, por que, de que forma, por que motivo a ação que o aluno faz tem sentido. O cotidiano é rico nas mais diversas situações; a complexidade, a interdisciplinaridade se fazem presentes e precisamos ajudar o aluno a construir o seu *eu e as suas relações* — o que envolve pensar, refletir, sentir e agir a partir dos valores que sejam considerados pela grande maioria de nossa sociedade como da maior e melhor qualidade possível. Nesse contexto estão presentes tanto os conhecimentos como os sentimentos e as emoções; nessa articulação a Orientação se faz presente e necessária nas escolas.

Referências bibliográficas

ABRAMO, H. W.; BRANCO, P. P. (Orgs.). *Retratos da juventude brasileira.* São Paulo: Instituto Cidadania e Fundação Perseu Abramo, 2005.

ALVAREZ-VALÓES, Maria Victoria Gordillo. *La orientación en el proceso educativo.* Madrid: Ediciones Universidad de Navarro, 1973.

ALVES, Nilda; GARCIA, Regina L. (Orgs.). *O sentido da escola.* Rio de Janeiro: DP&A, 1998.

AMADO, João et al. *O prazer de pensar.* Lisboa: Edições 70, 1991.

ARANHA, Maria Lúcia de Arruda; MARTINS, Maria Helena Pires. *Temas de filosofia.* São Paulo: Moderna, 1992.

ARENDT, Hannah. *A condição humana.* Rio de Janeiro: Forense Universitária, 1989.

ASSMANN, Hugo. *Reencantar a educação.* Rio de Janeiro: Vozes, 1998.

BARRETO, Vicente. Ética e sociedade. *Presença Filosófica*, Rio de Janeiro, v. 4, n. 4, p. 68-75, out./dez. 1980. (Ética Hoje, v. 1).

BARROS, Roque Spencer Maciel. *Ensaios sobre educação.* São Paulo: Edusp/Editorial Grijalbo, 1971.

BECK, Carlton E. *Fundamentos filosóficos da Orientação Educacional.* Tradução de Wilma Millan A. Penteado. São Paulo: EPU, 1977.

BICUDO, Maria Aparecida. *Fundamentos de Orientação Educacional.* São Paulo: Saraiva, 1978.

BIRMAN, Joel. Subjetividade, contemporaneidade e educação. In: CANDAU, V. M. (Org.). *Cultura, linguagem e subjetividade no ensinar e aprender*. Rio de Janeiro: DP&A, 2000. p. 11-28.

BORNHEIM, Gerd. O sujeito e a norma. In: NOVAES, Adauto (Org.). *Ética*. São Paulo: Companhia das Letras, 1992.

BUNGE, Mario. *La ciencia, su método y su filosofia*. Buenos Aires: Ediciones Siglo Veintre, 1973.

CALVINO, Italo. *Seis propostas para o próximo milênio*. Tradução de Ivo Barroso. São Paulo: Companhia das Letras, 1990.

CANIVEZ, Patrice. *Educar o cidadão?* Tradução de Estela dos Santos Abreu; Claudio Santos. Campinas: Papirus, 1991.

CAPALBO, Creusa. Filosofia da educação brasileira. *Ciências Humanas*, Universidade Gama Filho, v. IV, n. 12, p. 17-22, jan./mar. 1980.

_____. Fundamentos filosóficos do imaginário. In: TEVES, Nilda (Org.). *Imaginário social e educação*. Rio de Janeiro: Gryphus, 1992.

CARVALHO, Maria de Lourdes Ramos da Silva. *A função do orientador educacional*. São Paulo: Cortez/Moraes, 1979.

CERTEAU, Michel de. *A invenção do cotidiano*: artes de fazer. Petrópolis: Vozes, 1994.

_____. *A invenção do cotidiano 2:* morar, cozinhar. Petrópolis: Vozes, 1997.

CORRÊA, Vera. *Globalização e neoliberalismo* — o uso que tem a ver com você, professor. Rio de Janeiro: Quartet, 2000.

DELEUZE, Gille. *Diálogos* — Gilles Deleuze, Claire Parnet. São Paulo: Escuta, 1998a.

_____. *Lógica do sentido*. São Paulo: Perspectiva, 1998b.

DEMO, Pedro. *Desafios modernos da educação*. Petrópolis: Vozes, 1993.

DURKEIM, Émile. *Educação e Sociologia*. Rio de Janeiro: Hedra, 2011.

_____. *Da divisão do trabalho social*. Tradução de Eduardo Brandão. São Paulo: Martins Fontes, 1999.

FAZENDA, Ivani. *A pesquisa em educação e as transformações do conhecimento*. Campinas: Papirus, 1997.

FERRATER, José Mora. *Dicionario de Filosofia*. Madrid: Alianza, 1998.

FEYERABEND, P. K. *Adeus à razão*. São Paulo: Ed. da Unesp, 2010.

_____. *Contra o método*. Rio de Janeiro: Francisco Alves, 2007.

FORACCHI, M. M. *A juventude na sociedade moderna*. São Paulo: Edusp, 1972.

FREIRE, Paulo. *Educação e mudança*. Rio de Janeiro: Paz e Terra, 1983.

_____. *Educação para a liberdade*. Rio de Janeiro: Paz e Terra, 1987.

_____. *Pedagogia da esperança*. Rio de Janeiro: Paz e Terra, 1992.

GADOTTI, Moacir. *Educação e poder*. Introdução à pedagogia do conflito. São Paulo: Cortez, 1991.

_____. *Pensamento pedagógico brasileiro*. São Paulo: Ática, 1988.

GIDDENS, Anthony. *As consequências da modernidade*. São Paulo: Ed. da Unesp, 1991.

_____. *Modernidade e identidade*. Rio de Janeiro: Zahar, 2002.

GRINSPUN, Mírian Paula Sabrosa Zippin. *O espaço filosófico da Orientação Educacional na realidade brasileira*. Rio de Janeiro: Rio Fundo, 1992.

_____. *A ética social e a Orientação Educacional*. Rio de Janeiro, 1993. (Mimeo.)

_____ (Org.). *A prática dos orientadores educacionais*. São Paulo: Cortez, 1994.

_____. *Orientação Educacional*: conflito de paradigmas e alternativas para a escola. São Paulo: Cortez, 2006.

GUATTARI, Felix; ROLNIK, Suely. *Micropolítica*: cartografia do desejo. Petrópolis: Vozes, 1986.

HABERMAS, Jürgen. *Para a reconstrução do materialismo histórico*. São Paulo: Brasiliense, 1987.

HEGEL, G. W. F. *Escritos pedagógicos*. México: Fondo de Cultura Económica, 1998.

HELLER, Agnes. *O cotidiano e a história*. São Paulo: Paz e Terra, 1989.

_____. *A filosofia radical*. Tradução de Carlos Nelson Coutinho. São Paulo: Brasiliense, 1983.

HOBSBAWM, Eric. *A era dos extremos* — o breve século XX: 1914-1991. São Paulo: Companhia das Letras, 1995.

IBAÑEZ-MARTIN, José Antonio. *Hacia una formación humanística*: objetivos de la educación en la sociedad científica-técnica. Barcelona: Herder, 1975.

IANNI, O. *Teorias da globalização*. Rio de Janeiro: Civilização Brasileira, 1997a.

_____. *A era do globalismo*. Rio de Janeiro: Civilização Brasileira, 1997b.

JAPIASSU, Hilton. *O mito da neutralidade científica*. Rio de Janeiro: Imago, 1975.

_____. *Introdução ao pensamento epistemológico*. Rio de Janeiro: Francisco Alves, 1988.

KANT, I. *Crítica da razão prática*. São Paulo: Martins Fontes, 1984.

KREMER-MARIETTI, Angèle. *A ética*. São Paulo: Papirus, 1989.

KUHN, Thomas. *Estrutura das revoluções científicas*. São Paulo: Perspectiva, 2010.

LAKATOS, E. M. *Metodologia científica*. Rio de Janeiro: Atlas, 2007.

LATOUR, Bruno. *Jamais fomos modernos*. Rio de Janeiro: Editora 34, 1994.

LAZARTE, Rolando. *Max Weber*: ciência e valores. São Paulo: Cortez, 2001.

LYOTARD, Jean-François. *A condição pós-moderna*. Rio de Janeiro: José Olympio, 2004.

MAFFESOLI, Michel. *A transfiguração do político* — a tribalização do mundo. Porto Alegre: Sulina, 2003.

_____. *No fundo das aparências.* Rio de Janeiro: Vozes, 1996.

MANFREDI, Silvia Maria. *Educação profissional no Brasil.* São Paulo: Cortez, 2002.

MARX, Karl. *O capital.* Rio de Janeiro: Civilização Brasileira, 1980.

MASI, Domenico De. *A emoção e a regra.* São Paulo: Companhia das Letras, 1998.

MATURANA, Humberto. *Emoções e linguagens na educação e na política.* Belo Horizonte: UFMG, 1998.

McLAREN, Peter. *Rituais na escola* — em direção a uma economia política de símbolos e gestos na educação. Rio de Janeiro: Vozes, 1991.

MELLO, Guiomar Namo. *Educação escolar*: paixão, pensamento e prática. São Paulo: Cortez/Autores Associados, 1983.

MELLUCCI, Alberto. Juventude, tempo e movimentos sociais. Juventude e contemporaneidade. Anped, São Paulo, *Revista Brasileira de Educação*, número especial 5-6, 1997.

MENDES, Durmeval Trigueiro (Org.). *Filosofia da educação brasileira.* Rio de Janeiro: Civilização Brasileira, 1983.

MINAYO, M. C. de S. *Fala, galera*: juventude, violência e cidadania. Rio de Janeiro: Garamond, 1999.

MORA, José Ferrater. *Dicionário de filosofia.* Lisboa: Dom Quixote, 1982.

MORAIS, Régis. *Filosofia da ciência e da tecnologia*: introdução metodológica e crítica. Campinas: Papirus, 1988.

MORIN, Edgar. *Cultura de massas no século XX*: o espírito do tempo. Rio de Janeiro: Forense, 1975.

_____. A noção do sujeito. In: SCHNITMAN, D. F. (Org.). *Novos paradigmas, cultura e subjetividade.* Porto Alegre: Artes Médicas, 1996.

MORIN, Edgar. *Os sete saberes necessários à educação do futuro*. São Paulo/Brasília: Cortez/Unesco, 2000.

_____. *O problema epistemológico da complexidade*. Portugal: Publicações Europa-América, [s.d.]

NAGEL, Ernest. Ciência: natureza e objetivo. In: NAGEL, Ernest et al. *Filosofia da ciência*. São Paulo: Cultrix, [s.d.].

NOVAES, Adauto (Org.). *Ética*. São Paulo: Companhia das Letras, 1992.

PAIM, Antonio. *Modelos éticos*. São Paulo/Curitiba: Ibrasa/Editora Universitária Champagnat, 1992.

_____. Os problemas da moral social contemporânea. *Ciências Humanas*, Rio de Janeiro, Universidade Gama Filho, n. IV, n. 15, p. 6-9, out./dez. 1980.

_____. Fundamentos morais da cultura brasileira. *Ciências Humanas*, Rio de Janeiro, Universidade Gama Filho, v. II, n. 5, p. 5-7, abr./jun. 1978.

POPPER, K. *A lógica da pesquisa científica*. São Paulo: Cultrix, 2000.

RANGEL, Mary. *A pesquisa social no enfrentamento de problemas sociais educacionais*. Aparecida: Ideias & Letras, 2003.

_____. *Representação e reflexões sobre o bom professor*. Petrópolis: Vozes, 2006a.

_____ (Org.). *Supervisão pedagógica*: princípios e práticas. São Paulo: Papirus, 2006b.

REALE, Miguel. *Introdução à filosofia*. São Paulo: Saraiva, 1988.

REBOUL, Olivier. *Les valeurs de l'éducation*. França: Presses Universitaires de France, 1992.

ROUANET, Sergio Paulo. Dilemas da moral iluminista. In: NOVAES, Adauto (Org.). *Ética*. São Paulo: Companhia das Letras, 1992.

SANTOS, Boaventura de Sousa. *Introdução a uma ciência pós-moderna*. Porto: Afrontamento, 1993.

SANTOS, Boaventura de Sousa. *Pela mão de Alice*: o social e o político na pós-modernidade. São Paulo: Cortez, 1995.

SANTOS, Milton. *A natureza do espaço*: espaço e tempo, razão e emoção. São Paulo: Hucitec, 1997.

SARTRE, Jean-Paul. *O existencialismo é um humanismo*. São Paulo: Abril Cultural, 1973. (Col. Os Pensadores.)

SHERTZER, B.; STONES, S. *Manual para el asessoramiento psicológico (counseling)*. Buenos Aires: Paidós, 1972.

SPRANGER, E. *Formas de vida*. Tradução de Ramón de la Serna. Madrid: Revista de Occidente, 1966.

SILVA, Sonia Aparecida Ignacio. *Valores em educação*. O problema da compreensão e da operacionalização dos valores na prática educativa. Rio de Janeiro: Vozes, 1986.

SILVA, Tomaz Tadeu da (Org.). *Teoria educacional crítica em tempos modernos*. Porto Alegre: Artes Médicas, 1993.

SUCUPIRA, Newton. Ética e educação. *Presença Filosófica*. Rio de Janeiro, v. VI, n. 4, p. 28-42 , out./dez. 1980. (Ética Hoje.)

TEVES, Nilda (Org.). *Imaginário social e educação*. Rio de Janeiro, Gryphus, 1992.

_____. *Cidadania*: uma questão para a educação. Rio de Janeiro: Nova Fronteira, 1993.

VÁSQUEZ, Adolfo Sanches. *Ética*. Rio de Janeiro: Civilização Brasileira, 1987.

VIEIRA PINTO, Álvaro. *Ciência e existência*. Rio de Janeiro: Paz e Terra, 1969.

VÉLEZ RODRIGUES, Ricardo. Ética y política en la cultura brasileña, *Revista Universidad de Medellín*, Medellín, n. 55, jul./ago./set. 1990.

títulos publicados
reedições e novidades

Volume 1 - EDUCAÇÃO NÃO FORMAL E O EDUCADOR SOCIAL: atuação no desenvolvimento de projetos sociais (área EDUCAÇÃO) • Maria da Glória Gohn (1ª edição - 2010)

Volume 2 - ADEUS PROFESSOR, ADEUS PROFESSORA?: novas exigências educacionais e profissão docente (área EDUCAÇÃO) • José Carlos Libâneo (13ª edição - 2011)

Volume 3 - O ESPORTE PODE TUDO (área EDUCAÇÃO FÍSICA) • Vitor Marinho (1ª edição - 2010)

Volume 4 - EDUCAÇÃO COMO EXERCÍCIO DO PODER: crítica ao senso comum em educação (área EDUCAÇÃO) • Vitor Paro (2ª edição - 2011)

Volume 5 - A "CULTURA DO VOLUNTARIADO" NO BRASIL (área SERVIÇO SOCIAL) • Paula Bonfim (1ª edição - 2010)

Volume 6 - REFLEXÕES SOBRE ALFABETIZAÇÃO (área EDUCAÇÃO) • Emilia Ferreiro (26ª edição - 2011)

Volume 7 - ÉTICA E COMPETÊNCIA (área FILOSOFIA) • Terezinha Azerêdo Rios (20ª edição - 2011)

Volume 8 - PROFESSORES REFLEXIVOS EM UMA ESCOLA REFLEXIVA (área EDUCAÇÃO) • Isabel Alarcão (8ª edição - 2011)

Volume 9 - ESCOLA CIDADÃ (área EDUCAÇÃO) • Moacir Gadotti (13ª edição - 2010)

Volume 10 - EDUCAÇÃO ESTÉTICA PARA JOVENS E ADULTOS (área EDUCAÇÃO) • Sonia Carbonell (1ª edição - 2010)

Volume 11 - A UNIVERSIDADE NO SÉCULO XXI: para uma reforma democrática e emancipatória da Universidade (área EDUCAÇÃO) • Boaventura de Sousa Santos (3ª edição - 2010)

Volume 12 - MEIO AMBIENTE E REPRESENTAÇÃO SOCIAL (área MEIO AMBIENTE) • Marcos Reigota (8ª edição - 2010)

Volume 13 - MEIO AMBIENTE E FORMAÇÃO DE PROFESSORES (área EDUCAÇÃO) • Heloísa Dupas Penteado (7ª edição - 2010)

Volume 14 - FORMAÇÃO DOCENTE E PROFISSIONAL: formar-se para a mudança e a incerteza (área EDUCAÇÃO) • Francisco Imbernón (9ª edição - 2011)

Volume 15 - LETRAMENTO E ALFABETIZAÇÃO (área EDUCAÇÃO) • Leda Verdiani Tfouni (9ª edição - 2010)

Volume 16 - EDUCAÇÃO E CIDADANIA: quem educa o cidadão? (área EDUCAÇÃO) • Ester Buffa, Miguel Arroyo e Paolo Nosella (14ª edição - 2010)

Volume 17 - A CATEGORIA "QUESTÃO SOCIAL" EM DEBATE (área SERVIÇO SOCIAL) • Alejandra Pastorini (3ª edição - 2010)

Volume 18 - EDUCAÇÃO CONTINUADA NA ERA DIGITAL (área EDUCAÇÃO) • Maria Helena Silva Bettega (2ª edição - 2010)

Volume 19 - BRINCAR, CONHECER, ENSINAR (área EDUCAÇÃO) • Sanny S. da Rosa (5ª edição - 2010)

Volume 20 - BRINQUEDO E CULTURA (área SOCIOLOGIA) • Gilles Brougère (8ª edição - 2010)

Volume 21 - A CRISE DOS PARADIGMAS E A EDUCAÇÃO (área EDUCAÇÃO) • Zaia Brandão (Org.) (11ª edição - 2010)

Volume 22 - A IMPORTÂNCIA DO ATO DE LER: em três artigos que se completam (área EDUCAÇÃO) • Paulo Freire (51ª edição - 2011)

Volume 23 - OS (DES)CAMINHOS DA ESCOLA (área EDUCAÇÃO) • Ezequiel Theodoro da Silva (8ª edição - 2010)

Volume 24 - O PROFESSOR E O COMBATE À ALIENAÇÃO IMPOSTA (área EDUCAÇÃO) • Ezequiel Theodoro da Silva (6ª edição - 2011)

Volume 25 - DIMENSÕES SOCIAIS DO ESPORTE (área EDUCAÇÃO FÍSICA) • Manoel José e Gomes Tubino (3ª edição - 2011)

Volume 26 - EDUCAÇÃO NÃO FORMAL E CULTURA POLÍTICA (área EDUCAÇÃO) • Maria da Gloria Gohn (5ª edição - 2011)

Volume 27 - PLANEJAMENTO E EDUCAÇÃO NO BRASIL (área EDUCAÇÃO) • Acacia Zeneida Kuenzer, Walter Garcia e Julieta Calazans (8ª edição - 2011)

Volume 28 - FORMAÇÃO DE PROFESSORES DE CIÊNCIAS (área EDUCAÇÃO) • Anna Maria Pessoa de Carvalho e Daniel Gil-Pérez (10ª edição - 2011)

Volume 29 - LIÇÕES DO PRÍNCIPE E OUTRAS LIÇÕES: • o intelectual • a política • a educação (área EDUCAÇÃO) • Neidson Rodrigues (20ª edição - 2011)

Volume 30 - FORMAÇÃO DE PROFESSORES: pensar e fazer (área EDUCAÇÃO) • Nilda Alves (Org.) (11ª edição - 2011)

Volume 31 - PARA QUEM PESQUISAMOS PARA QUEM ESCREVEMOS: o impasse dos intelectuais (área EDUCAÇÃO) • Regina Leite Garcia (Org.) (3ª edição - 2011)

Volume 32 - CONSELHOS GESTORES E PARTICIPAÇÃO SOCIOPOLÍTICA (área CIÊNCIA POLÍTICA) • Maria da Gloria Gohn (4ª edição - 2011)

Volume 33 - DIFICULDADES NA APRENDIZAGEM DA LEITURA: leitura e prática (área EDUCAÇÃO) • Terezinha Nunes, Lair Buarque e Peter Bryant (7ª edição - 2011)

Volume 34 - BRINCAR NA EDUCAÇÃO: uma história que se repete (área EDUCAÇÃO) • Gisela Wajskop (9ª edição - 2012)

Volume 35 - REPENSANDO O ENSINO DE HISTÓRIA (área HISTÓRIA) • Sônia Nikitiuk (Org.) (8ª edição - 2012)

Volume 36 - EDUCAÇÃO E INFORMÁTICA: os computadores na escola (área EDUCAÇÃO) • Fernando José de Almeida (5ª edição - 2012)

Volume 37 - MOVIMENTOS SOCIAIS E EDUCAÇÃO (área EDUCAÇÃO) • Maria da Glória Gohn (8ª edição - 2012)

Volume 38 - PASSADO E PRESENTE DOS VERBOS *LER* E *ESCREVER* (área EDUCAÇÃO) • Emilia Ferreiro (Org.) (4ª edição - 2012)

Volume 39 - SUSTENTABILIDADE E EDUCAÇÃO: um olhar da ecologia política (área MEIO AMBIENTE) • Carlos Frdererico B. Loureiro (1ª edição - 2012)

Volume 40 - INOVAR O ENSINO E A APRENDIZAGEM NA UNIVERSIDADE (área EDUCAÇÃO)
• Francisco Imbernón (1ª edição - 2012)

Volume 41 - APRENDER PARA GANHAR, CONHECER PARA COMPETIR: sobre a subordinação da educação na "sociedade da aprendizagem" (área EDUCAÇÃO)
• Licínio C. Lima (1ª edição - 2012)

Volume 42 - ALFABETIZAÇÃO DOS ALUNOS DAS CLASSES POPULARES: ainda um desafio (área EDUCAÇÃO)
• Regina Leite Garcia (Org.) (7ª edição - 2012)

Volume 43 - MATEMÁTICA E EDUCACÃO (área EDUCAÇÃO)
• Nilson José MAchado (6ª edição - 2012)

Volume 44 - CRISE DO SOCIALISMO E OFENSIVA NEOLIBERAL (área SOCIOLOGIA)
• José Paulo Netto (5ª edição - 2012)

Volume 45 - AUTORIDADE DO PROFESSOR: meta, mito ou nada disso? (área EDUCAÇÃO)
• Lúcia M. teixeira Furlani (9ª edição - 2012)

Volume 46 - PESQUISA EDUCACIONAL: quantidade-qualidade (área EDUCAÇÃO)
• José Camillo dos Santos Filho e Silvio Sánchez Gamboa (Org.) (8ª edição - 2013)

Volume 47 - SOCIOLOGIA DOS MOVIMENTOS SOCIAIS (área SOCIOLOGIA) • Maria da Glória Gohn (1ª edição - 2013)

Volume 48 - O IMPERIALISMO GLOBAL: teorias e consensos (área CIÊNCIA POLÍTICA)
• Flávio Bezerra de Farias (1ª edição - 2013)

Volume 49 - A POLÍTICA EM GYÖRGY LUKÁCS (área CIÊNCIA POLÍTICA)
• Ranieli Carli (1ª edição - 2013)

questões da nossa época

A nova **coleção questões da nossa época** seleciona textos endossados pelo público, relacionados a temáticas permanentes das áreas de Educação, Cultura Brasileira, Serviço Social, Meio Ambiente, Filosofia, Linguagem, entre outras.

Em novo formato, a *Coleção* divulga autores prestigiados e novos autores, que discutem conceitos, instauram polêmicas, repropõem *questões* com novos olhares.